L. CH.-DESMAISONS

TU SERAS OUVRIÈRE

LIVRE DE LECTURE ANECDOTIQUE

> « Combien il serait utile d'imposer chaque jour, aux élèves de nos écoles, une leçon de lecture d'une heure, pendant toute la durée des études. »

Récit anecdotique
Leçons de choses
143 Gravures

Armand COLIN & Cie

ÉDITEURS

du Cours d'Histoire de France LAVISSE
et de l'Histoire de la Civilisation française RAMBAUD

« TU SERAS OUVRIÈRE »

Simple histoire

LIVRE DE LECTURE COURANTE

A L'USAGE DES ÉCOLES DE FILLES

Leçons de choses. — Hygiène. — Travail manuel.
Économie domestique. — 143 gravures.

PAR

L. CH.-DESMAISONS

AVEC UNE PRÉFACE DE

M. JULES SIMON

de l'Académie française

PARIS

ARMAND COLIN ET Cie, ÉDITEURS

5, RUE DE MÉZIÈRES, 5

PRÉFACE

PAR

M. JULES SIMON,

DE L'ACADÉMIE FRANÇAISE

L'auteur de cet aimable livre a raconté l'histoire d'une paysanne qui arrive à devenir maîtresse et propriétaire d'un des plus riches établissements de couture de Paris, sans autre peine que d'être sage et habile. Tous les bonheurs lui viennent l'un après l'autre; il n'y a pas de loup dans sa bergerie.

L'auteur tient beaucoup à nous dire que son histoire n'est ni impossible ni invraisemblable. Il assure même, et il faut le croire, que c'est une histoire véritable.

Oui, ma fille; il y a eu quelqu'un pour qui ce beau rêve a été une réalité; la même aventure peut revenir; il ne faut pas croire qu'elle reviendra souvent. La plupart des ouvrières restent ouvrières; et elles ont, dans cet état, beaucoup de déboires à supporter, beaucoup de dangers à craindre : c'est le sort commun de toutes les créatures humaines. Les grandes dames y sont soumises comme les pauvres filles. Ce luxe, qu'on envie, cesse de plaire quand on y est accoutumé. Il faut le payer souvent au prix de sa conscience, presque toujours au prix de son repos. Le fait seul de vivre aux dépens d'autrui, ou sur une fortune qu'on n'a pas gagnée par ses propres efforts, abaisse l'âme, et lui impose une sorte d'humiliation inconsciente, tandis qu'on goûte une joie secrète à sentir qu'on dépend uniquement de soi, et qu'on doit son bien-être à son travail. A tout prendre, la nature dispense à chacun de nous plus de chances heureuses que de chances adverses; c'est nous, par notre lâcheté ou par nos fautes, qui changeons la proportion.

Tes parents étaient ouvriers. Il y a cent à parier contre un que tu seras ouvrière. Les filles ont, par le mariage, une chance de changer de condition, ne compte pas là-dessus. On se marie presque toujours dans sa classe. Il n'y a presque jamais profit à en changer. Le mari a des regrets, les amis ont des dédains, la femme a des ignorances et des déboires. Il dépend à peu près de toi d'être recherchée par les bonnes maisons, de gagner un bon salaire, d'épouser un brave garçon et de vivre honorée et respectée au milieu de tes enfants et de tes amis.

Il faut pour cela commencer de bonne heure à se bien conduire. Il ne suffit pas à une fille d'être sage; il faut que sa réputation de sagesse soit bien établie et pour cela, elle doit avoir toutes les vertus qu'on exige d'une femme, la prudence, la réserve, la modestie, l'amour du travail. Elle doit veiller sur ses relations, et n'avoir que des amies qui lui fassent honneur. Ne crois pas que ce soient là de lourds assujettissements; au contraire, c'est la voie facile parce que c'est la voie naturelle. Tu es faite pour la sagesse; tous les fruits qu'elle porte te seront savoureux. Les folles, au contraire, les évaporées, n'obtiennent ni considération, ni égards; elles servent de jouets aux autres et finissent par devenir un objet de pitié ou de dédain.

Il faut aussi t'efforcer d'exceller dans ton métier. Un bon métier, quand on le sait bien, est une petite fortune. Les personnes avec lesquelles tu es obligée de vivre ne sont pas toujours préoccupées de ton bonheur; mais elles sont très attentives à leurs propres intérêts, et si tu es plus habile couturière qu'une autre, c'est toi qu'elles choisiront. Une bonne réputation comme femme et comme ouvrière est plus avantageuse qu'un capital.

Sans doute, il te faudra travailler et travailler sans relâche. Mais ce n'est pas un mal de travailler; tout au contraire, c'est un bien. Ceux qu'il faut plaindre sont ceux qui ne travaillent pas. Mon Dieu, que leurs journées doivent être longues! Presque tous les hommes travaillent; même les plus riches et les plus puissants. Tu as dû entendre dire que les chefs d'une usine ou d'une grande maison de commerce travaillent plus que leurs employés et leurs ouvriers; c'est la vérité exacte. Plus leurs affaires prospèrent, plus leur travail augmente. C'est ce qu'ils veulent. Vois-tu, mon enfant, travailler, c'est vivre. Il y a quelques beaux fils, en petit nombre, dont toute la vie se passe dans les clubs, dans les bals, aux courses. Ils sont bien méprisés, et bien malheureux. Ils sentent eux-mêmes leur inutilité et la dégradation qui en résulte.

Le nombre des femmes désœuvrées est peut-être plus grand. Crois-moi, elles ne sont pas à envier. Je veux t'en donner une preuve. Le plus grand bonheur d'une femme est sans doute de remplir les devoirs de la maternité. Toi, tu les remplis dans toute leur étendue. Tu nourris tes enfants, parce que tu es saine de corps, et quand ils sont en âge d'aller à l'école, tu les surveilles et tu les diriges parce que tu es saine d'esprit. Mais elle, la pauvre femme, à force de se couvrir de parfums, de se serrer, de passer les nuits au bal ou à la comédie, elle n'a plus ni lait, ni force. Elle n'a d'autre morale que celle qui est à la mode au Vaudeville ou au Palais-Royal. La langue qu'elle parle n'est comprise que de cet étrange petit monde, qu'on appelle emphatiquement le monde parce qu'il est étranger à la nature et au sens commun. Il lui faut donc une nourrice pour son enfant, et ensuite une gouvernante. Tout sera factice dans l'éducation de cet enfant, destiné un jour à être lui-même un être factice. Ta fille portera une robe d'indienne et se fatiguera les yeux à faire des ourlets; mais elle aimera sa mère, elle l'estimera, elle la respectera; elle n'aura que des sentiments vrais et honnêtes; ses premières jouissances seront l'accomplissement du devoir; elle deviendra à ton exemple digne d'être une bonne épouse et une bonne mère. Crois-moi, préfère son lot à celui de ta voisine. Je crois bien que la grande dame vous regarde, ta fille et toi, du haut de sa grandeur quand sa voiture vous éclabousse. Mais il y a plus de valeur et de vigueur dans ton petit doigt que dans toute sa frêle personne. Ce n'est qu'une poupée; tu es une femme.

L'ouvrière dont on parle, dans ce petit livre, est la lingère, la couturière, la modiste, celle qui travaille pour les femmes à des ouvrages de femmes. L'ouvrière de fabrique exerce un métier moins attrayant, dans lequel il est difficile de déployer un autre mérite que la régularité et une attention soutenue; il impose de longues journées, et sépare absolument la femme de son mari et de ses enfants. En revanche, il donne des salaires élevés et réguliers et, dans la plupart des professions, n'entraîne pas de grosses fatigues. Si tu as été de bonne heure introduite dans les grandes usines, tâche de ne pas y oublier complètement ton métier et ta destinée de femme. J'ai étudié les grands ateliers, il y a quarante ans, les choses ont pu changer depuis; je ne le crois pas. Dans ce temps-là, la plupart des filles de fabrique, uniquement dressées à être de bonnes rattacheuses ou de bonnes soigneuses de carderie, ne savaient même pas allumer du feu ou enfiler une aiguille. Quand elles se mariaient, elles étaient, pour leur mari, plutôt une associée qu'une épouse. Elles apportaient une bonne petite somme le samedi; mais elles n'avaient que cela à donner.

Elles rentraient chez elles en même temps que leur mari; elles n'avaient ni visité ni raccommodé les effets, ni nettoyé la chambre, ni préparé le dîner. C'est à peine si elles avaient le temps de peigner et de débarbouiller les marmots, qui vivaient tout le jour dans le ruisseau, à la grâce de Dieu.

J'ai vu, dans ce temps-là, dans des villes allemandes, des associations de dames qui prenaient chez elles une fille de fabrique de dix huit ou dix-neuf ans. Elles en faisaient tout uniment une servante, mais une servante, traitée, pour les soins et les égards, comme une fille de la maison. Elles leur apprenaient à aller aux provisions, à faire un peu de cuisine toute simple, à rapetasser de vieux habits, à tenir une chambre en bon état de propreté. Elles les gardaient ainsi pendant un an, après quoi, elles les renvoyaient à la fabrique. Mais ce n'était plus les mêmes filles. Elles étaient sorties de là l'année précédente sachant tout juste ce que peut savoir un garçon de leur âge. A présent elles savaient par avance le métier de ménagères et de mères de familles. Elles n'avaient plus qu'à trouver un mari.

Et elles le trouvaient. Les garçons faisaient fi.

même d'une bonne ouvrière qui n'avait pas fait « son volontariat d'un an ».

Je voudrais voir cette bonne coutume s'établir en France. Elle me plairait pour nos bourgeoises tout autant que pour nos artisans. Les gens moroses disent que les femmes sont des servantes ; et moi je dis que ce sont des reines. Mais, servantes ou reines, je ne les trouve tout à fait à mon gré que dans leur ménage, occupées des autres plus que d'elles-mêmes ; chargées de les rendre heureux par leurs soins et de les rendre vertueux par leurs leçons et par leurs exemples.

Jules Simon.

AUX ECOLIERES

Mes enfants, un moment viendra, — moment bien proche peut-être, — où vous laisserez vos livres et vos cahiers et où vous entrerez véritablement dans la vie.

Vous les regretterez parfois, ces compagnons, ces amis de votre temps d'étude, et ce sera avec plaisir que vous les retrouverez quelque jour au fond de l'armoire où ils vieilliront oubliés.

En attendant, lisez-les souvent, et surtout lisez-les bien.

Ce sont eux qui vous donneront des conseils bons à suivre en tout temps, qui vous apprendront ce que vous devrez savoir à l'heure où, quittant l'école, il faudra vous mettre vaillamment au travail. Vous aurez alors à conquérir la place à laquelle chacun a droit dans la société, mais elle vous sera chèrement disputée.

Voici un ami de plus qui vient à vous pour vous aider.

Il vous dira toutes les difficultés qui vous attendent dans la carrière d'ouvrière; il vous montrera comment on les surmonte et vous dira comment, avec le goût du travail, avec la persévérance et la bonne conduite, on fait son chemin dans la vie.

Mais que dis-je? Ce ne sera point, à proprement parler, le livre qui vous instruira. Ce sera une petite fille, une jeune fille comme vous, que vous verrez agir,

1.

parler, penser même. Si elle commet quelque faute d'étourderie, vous la lui pardonnerez, parce qu'elle se montrera si bonne au fond que vous l'aimerez quand même.

Et puis, combien vous l'estimerez lorsque vous la rencontrerez, aux prises avec les difficultés de sa position, toujours vaillante, toujours honnête, toujours courageuse!

C'est d'elle que vous apprendrez, mes enfants, comment on peut soi-même faire son propre bonheur et celui des autres, et vous comprendrez que, pour en arriver là, notre petite héroïne n'aura eu dans son cœur que ces deux pensées qui résument toute sa vie :

Je serai honnête. — J'aimerai mes parents, mon travail, mon devoir.

L. Ch.-Desmaisons.

CHAPITRE Ier

LA FAMILLE BERNARD

Grand'mère et petite-fille. — Voyez-vous d'ici cette petite maison blanche, dont les fenêtres largement ouvertes laissent pénétrer à l'intérieur l'air et la lumière (fig. 1)? C'est là qu'habite la famille Bernard, qui se compose du père, de la grand'mère, d'un

Fig. 1. — La maison des Bernard.

jeune homme et d'une fillette de treize ans environ, Jeanne, l'héroïne de cette histoire. Le père Bernard a perdu sa femme depuis quelques années, et la pauvre vieille grand'mère Bernard s'est vu la charge d'une maison à tenir et d'enfants à élever. Heureusement, Pierre et Jeanne sont de bons enfants qui secondent de leur mieux leur aïeule* et comprennent leur devoir.

Tenez... voyez Jeanne... C'est cette fillette à la mine gracieuse et éveillée, aux joues fraîches, aux cheveux châtains* qui coud en ce moment auprès d'une fenêtre du rez-de-chaussée*(fig.2). Comme elle s'applique, tout en causant avec sa grand'mère! Écoutons-la :

Fig. 2. — Jeanne cousant près d'une fenêtre du rez-de-chaussée.

— Grand'mère, maintenant que j'ai achevé les manches, que vais-je faire?

La vieille femme pose sur le fourneau la casserole qu'elle tient à la main et, prenant ses lunettes, elle examine le travail de la petite fille.

— Vraiment, mignonne, c'est gentiment cousu, cela, et c'est à ne pas croire que tu ne sois jamais allée dans un atelier. Voilà un **surjet** aussi bien fait que les miens... d'autrefois..., à l'époque où j'avais de bons

---

Travail a l'aiguille : **Surjet**. —Le surjet (fig. 4) est un point de couture spécial qui s'emploie surtout dans la lingerie lorsqu'on veut assembler deux pièces d'étoffe lisière* contre lisière et sans faire de couture rabattue. C'est une sorte de point à cheval dont le principal mérite est une grande régularité et beaucoup de

yeux... Oh ! oh ! voilà pourtant un ourlet (fig. 3) dont le bout n'est pas solidement arrêté. Vois-tu : crac ! je n'aurais qu'à tirer un peu dessus et tout se déferait. Tu vas vite reprendre ton aiguille et me rattraper cela comme il faut.

— Oui, grand'-mère; mais ce sera vite fini et je ne sais pas monter les manches que je viens de terminer.

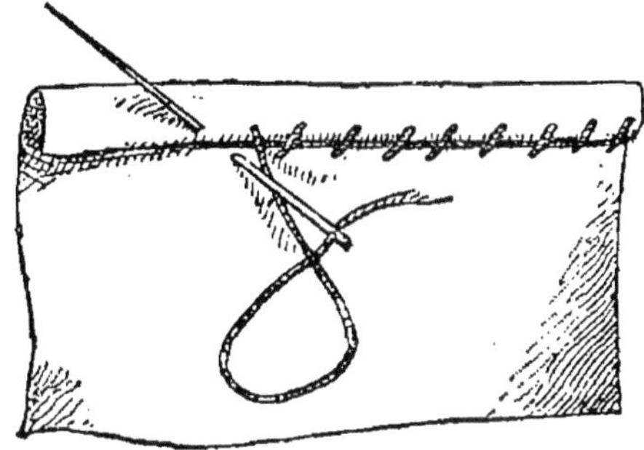
Fig. 3. — Ourlet.

— C'est juste, dit la grand'mère. Et, s'installant à côté de la fillette, elle lui prit son aiguille et commença à froncer le haut des manches du sarrau* que l'on voyait là, sur une chaise, tout droit dans sa raideur de neuf.

finesse. Le fil qu'on emploie pour le surjet doit être de première qualité, sans quoi les lisières *useraient le fil*, comme disent les lingères, et la couture se déferait bien avant que l'étoffe soit usée.

Pour qu'un surjet soit bien fait, l'aiguille employée doit être juste assez grosse pour le fil, mais plutôt trop fine que trop grosse, afin que

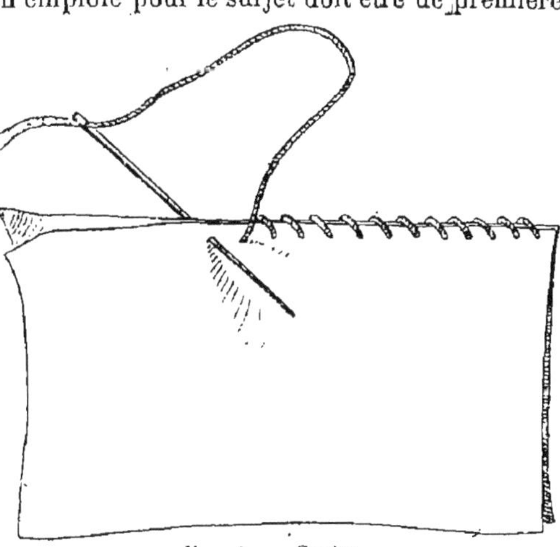
Fig. 4. — Surjet.

le fil remplisse bien les trous faits par celle-ci. On prendra garde de ne pas trop tirer sur le fil, ce qui ferait froncer la couture.

Le surjet se fait de droite à gauche.

Fig. 5. — Jeanne regardait, attentive.

Jeanne regardait, attentive (fig. 5). L'aiguille de la

vieille glissait, glissait toujours, et les petites fronces
s'accumulaient régulières et pressées, faites comme
par une machine. Il tardait à la petite fille de prendre
l'ouvrage à son tour et d'essayer enfin ce nouveau
travail si difficile pour des doigts de commençante.

— Je comprends, grand'mère, je comprends. Donne-
moi la manche, tu vas voir que ce ne sera pas mal fait.

Et voilà Jeanne, son ouvrage dans les mains, s'ap-
pliquant de son mieux à imiter le travail de sa grand'-
mère, pendant que celle-ci, qui s'est rapprochée du
fourneau, reprend sa besogne interrompue.

On est en septembre. Par la fenêtre de la cuisine,
on aperçoit, aussi loin que la vue s'étend, des vignes et
encore des vignes, car ce côté du pays est l'un des plus
renommés pour son vin généreux et parfumé. Cependant, par-ci, par-là, on voit quelques larges taches
brunes attrister ce beau paysage. C'est le **phylloxéra**,

Travail a l'aiguille : **Fronces**. — Les fronces (fig. 6) sont destinées à faire plisser de très près une étoffe afin de réduire sa
largeur en un seul endroit, sans la couper. Elles se font à points
devant. On doit avoir soin de
laisser entre chaque point le
même écartement.

Les fronces se montent soit
à *point d'ourlet* en posant par-
dessus une étoffe qu'on main-
tient ensuite par un point de
couture, soit à la *poucette,*
c'est-à-dire en formant les
fronces au fur et à mesure
qu'on les monte. Dans ce der-

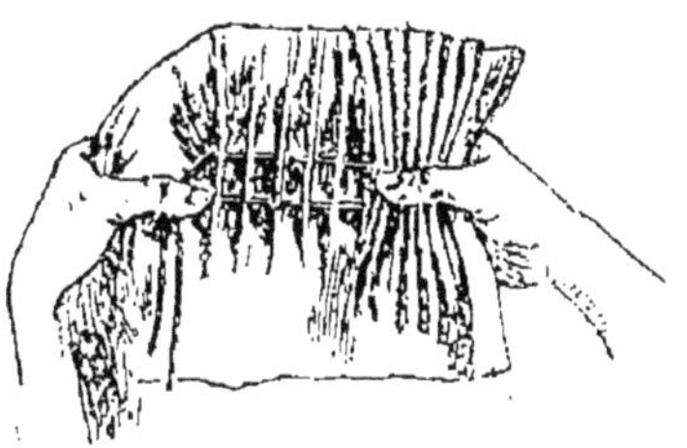

Fig. 6. — Fronces.

nier cas, on fait avancer de l'étoffe sous l'aiguille, à l'aide du
pouce gauche, d'où le nom de ce procédé. Le montage à la
poucette ne peut être bien fait que par des ouvrières expéri-
mentées.

On se sert des fronces pour attacher les manches des sarraus,
des tabliers, des blouses, des camisoles, etc., à l'emmanchure
et au poignet; pour poser un col à un vêtement très ample,
et avant de placer la ceinture d'un jupon, d'un tablier, etc.

le terrible phylloxéra qui commence ses ravages dans ce coin du Périgord. Chacun essaie de le combattre; mais la victoire lui reste; les vignes noircies, sans feuillage, sans fruits, ne sont bientôt plus que des javelles et des souches bonnes à brûler; la tache brune s'étend toujours et les paysans se désolent devant ce fléau que nul ne peut conjurer.

Leçon de choses : **Phylloxera.** — Le phylloxera (fig. 7) est un genre d'insecte microscopique qui s'attaque spécialement à la vigne dont il détruit tour à tour les feuilles et les racines. Il couvre d'abord les feuilles d'excroissances qu'on peut comparer à des verrues *, et les feuilles périssent bientôt; puis il descend vers les racines qu'il pique et auxquelles il retire tout l'élément nutritif. La plante ne tarde pas alors à succomber.

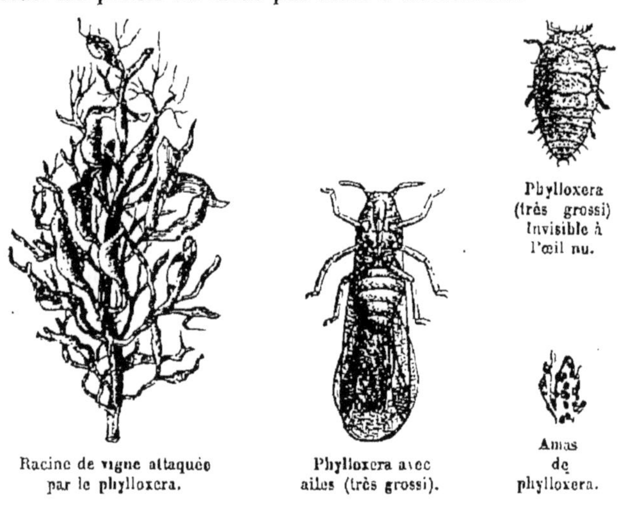

Racine de vigne attaquée par le phylloxera.

Phylloxera avec ailes (très grossi).

Fig. 7. — Phylloxera.

Lorsque ces verrues apparaissent sur les feuilles, c'est-à-dire du mois de mai au mois d'août, il faut enlever les feuilles atteintes et ne pas les jeter à terre, mais les brûler.

Depuis 1867, époque à laquelle le phylloxera a fait sa première apparition, on a recherché sans cesse des moyens efficaces pour le combattre. Parmi les substances qu'on a employées avec le plus de succès, il faut citer une solution de *sulfocarbonate de potasse* à l'aide de laquelle on submerge le vignoble atteint, pendant 30 ou 40 jours.

Pourtant la petite propriété des Bernard n'est pas encore atteinte; mais le père n'est pas tranquille. Plus d'une fois, la nuit, il reste sans sommeil, les yeux ouverts, en songeant à ce qu'il ferait le jour où pareil désastre s'abattrait sur lui. De père en fils, les Bernard ont cultivé la vigne, vendu leur vin, vécu de ce produit. Que ferait son fils, que deviendrait sa fille, si ce revenu leur manquait? Faudrait-il les voir se placer chez les autres? Cela lui serait bien dur!... Grâce à Dieu, on n'en était pas encore là, au contraire, il fallait songer bientôt à faire la vendange qui, cette année, serait très bonne.

La maison qu'habitaient les Bernard était située sur la route de Limoges ' à Périgueux et à quelques kilomètres seulement de cette dernière ville.

Le petit village de Nanteuil était tout proche de la propriété. C'était là que Jeanne était allée en classe. Elle venait d'obtenir son certificat d'études et pensait sérieusement à faire quelque chose d'utile.

La grand'mère Bernard songeait elle aussi constamment à choisir un métier pour sa petite-fille et à le bien choisir. Car, n'est-ce pas? pour être heureux en travaillant, il faut avoir du goût pour son travail, y réussir, ne pas désirer sans cesse apprendre un autre état. Le métier doit être choisi d'après les dispositions naturelles qu'on a et non pas d'après les caprices ou les fantaisies de l'esprit.

Depuis la mort de la mère de Jeanne, tout a bien changé dans la maison. La joie s'en est allée avec la chère disparue. Mais son souvenir est encore là pour les encourager tous : il rend Jeanne plus raisonnable, le père plus courageux, la grand'mère plus résignée et Pierre, le fils aîné, plus laborieux et plus sage. Tous vivent du produit de leur modeste domaine et, grâce au travail des uns et à l'économie des autres, le calme habite la modeste petite maison des Bernard.

Jeanne a été habituée à l'idée qu'un jour elle travaillerait, qu'elle aurait un métier qui la mettrait à l'abri du besoin et elle ne demande pas mieux que d'être le plus vite possible à même d'aider les siens.

Le moment est venu pour elle de faire son choix.

Le travail manuel. — Le choix d'un état. — Vers midi, le père Bernard et son fils, ayant quitté les champs, arrivèrent pour déjeuner, juste au moment où Jeanne achevait ses fameuses fronces. La fillette

courut à son père et à son frère, les embrassa (fig. 8) et aida la grand'mère à servir le repas. Certes, il n'était point luxueux, le repas de famille, et cependant, comme l'on mangeait de bon appétit !

Fig. 8. — La fillette courut à son père et à son frère, les embrassa.

Dans la cuisine, tout au milieu, se trouvait la table étroite et longue où s'asseyaient, selon la saison, faucheurs, faneurs, moissonneurs ou vendangeurs. A l'une des extrémités, Jeanne a étendu une nappe bien blanche sur laquelle brillent les assiettes en faïence peinte et les couverts d'étain luisants. Lorsque la soupe est mangée, papa Bernard, qui n'a presque rien dit encore, tant il avait faim, sans doute, boit à grands traits, pousse un soupir et se tourne vers Jeanne qui mord dans son pain à belles dents (fig. 9).

— Eh bien ! fillette, a-t-on été sage, ce matin ?

— Je crois bien, Antoine ! répond vite la grand'mère
à son fils. Jeanne a travaillé comme un ange. Imagine
toi, mon ami, qu'elle a su froncer seule, aussi régulièrement que moi, et du premier coup, les deux manches
de son sarrau; et elle entreprenait de les **monter** au
moment où tu es arrivé.

Fig. 9. — Le dîner chez les Bernard.

Et, toute fière, la bonne vieille alla chercher l'ouvrage de Jeanne pour le montrer au père.

Jeanne était toute rougissante de plaisir. Ses regards
brillants allaient de son père à sa grand'mère, épiant sur
le visage de l'un, l'étonnement joyeux, et sur celui de
l'autre, le plaisir qu'on éprouve à une bonne nouvelle.

— Décidément, dit le père en riant, je crois que
Jeannette veut être couturière.

TRAVAIL A L'AIGUILLE : **Comment on monte les manches d'un
sarrau ou d'un tablier d'enfant.** — Les manches du tablier
ou du sarrau étant toujours plus larges que l'emmanchure
à laquelle elles doivent être jointes, seront froncées en haut,
vers l'épaule, sur une longueur de dix centimètres environ, s'il
s'agit d'un tablier pour fillette de dix à douze ans, de cinq centimètres s'il s'agit d'un tablier de petit enfant.

Ces fronces doivent se faire à *point devant* et non à la *poucette*.
La manche est montée en couture. Lorsque le montage est
terminé, on borde la couture, à l'envers, avec un ruban de fil
ou l'on y fait un point à cheval bien régulier et un peu serré.

— Oh! papa, que je le voudrais! s'écria la petite fille.

Le père devint sérieux.

— Bien vrai, petite? dit-il. En es-tu bien sûre?

— Laisse donc, père, dit Pierre qui se plaisait à taquiner sa sœur, *mademoiselle* aurait trop peur de se piquer les doigts et de se les rendre semblables à ceux de la Rousselotte.

— Tais-toi, méchant! dit Jeanne un peu fâchée. Il ne faut pas se moquer des doigts de la Rousselotte. Ils prouvent qu'elle a travaillé beaucoup et depuis longtemps. Je ne demande qu'une chose, c'est d'avoir, quand je saurai mon métier, autant de travail qu'elle en a. Je me moquerai bien d'avoir les doigts piqués.

— Oui, oui, reprit le père, cela n'est rien et il faudrait être bien mal avisé de rejeter un bon métier pour lequel on a du goût, sous prétexte qu'il gâte un peu les mains. Moi, je suis fier des miennes qui sont brunies par le soleil. Elles prouvent que j'ai gagné le pain que je mange et je préfère cela à un titre de noblesse.

. — Oui, dit Pierre, mais j'aimerais bien mieux être savant que d'être laboureur; je travaillerais moins, je gagnerais davantage et je rendrais plus de services au pays que je ne le fais en conduisant la charrue.

Le travail manuel rend autant de services que le travail intellectuel. — Tu te trompes, Pierre, dit le père Bernard, en disant que les cultivateurs rendent de moins grands services que les savants. Les uns font des découvertes utiles, mais les artisans *, ceux qui travaillent de leurs mains, appliquent ces découvertes et en font profiter leurs semblables. Et puis que deviendraient les savants avec toute leur intelligence, toute leur science, tous leurs calculs s'il n'y avait plus de laboureurs, plus de cultivateurs, plus

de travailleurs du sol, de fabricants, d'industriels?...
Tu te trompes encore quand tu dis que tu te fatigue-
rais moins. Le travail de l'esprit use plus que le travail du corps ; il n'est pas rare de voir des jeunes gens
mourir à la suite d'études trop pénibles ; on n'a jamais
vu, à la campagne, les jeunes cultivateurs comme toi
tomber malades ou mourir par suite d'excès de travail.
Quant à gagner de l'argent, que de savants ont vécu
dans la pauvreté et même dans la misère. **Sauvage**,
l'inventeur de l'hélice*, **Fulton**, qui découvrit la
machine à vapeur, **Jacquard**, qui imagina le métier

BIOGRAPHIE : **Sauvage**. — Frédéric Sauvage, né à Boulogne-
sur-Mer*, en 1785, était mécanicien de marine et constructeur
de navires. On lui attribue l'invention de l'*hélice* appliquée à la
navigation. L'hélice supprime les roues à aubes* des bateaux et
augmente la vitesse du bâtiment.

L'hélice était connue avant lui, mais n'avait reçu en France
aucune application quand il la proposa. Sa pauvreté l'empêcha
de donner à ses recherches tout l'éclat désirable, et il était en
prison pour dettes au Havre* lorsqu'on essaya dans cette ville
un bateau armé de l'hélice, d'après le système d'un Anglais. Ce
fut pour lui une grande douleur. Sauvage inventa encore divers
instruments appréciés des physiciens. Il mourut misérablement
dans une maison d'aliénés en 1857.

BIOGRAPHIE : **Jacquard**. — Né à Lyon* en 1752, mort en 1834,
Jacquard était le fils d'un ouvrier et d'une ouvrière travaillant
dans une manufacture de soieries. Après s'être essayé dans
divers apprentissages, il établit pour son propre compte une
fabrique d'étoffes façonnées où il ne put réussir par suite de
manque de capitaux.

C'était à l'époque des guerres de la Révolution. Jacquard
s'engagea dans l'armée du Rhin d'où il revint à Lyon, rappelé
par la mort de son fils. Il lui fallut tresser des chapeaux de
paille pour vivre. Il conçut alors le projet de substituer au
métier dont se servaient les ouvriers en tissus, un autre métier
qui exigeait une dépense de forces moins considérable et qui
employait moins d'ouvriers. Il prit un brevet* pour son invention ; mais celle-ci fut mal accueillie et les ouvriers lyonnais,
prétendant que cette nouvelle machine les empêcherait de
gagner leur vie, brisèrent son métier sur la place publique.
Cependant justice lui fut plus tard rendue. Le métier de
Jacquard, connu à Lyon en 1805, mis en pratique en 1809, fut

à tisser (fig. 10), ont longtemps vécu pauvres et méconnus.

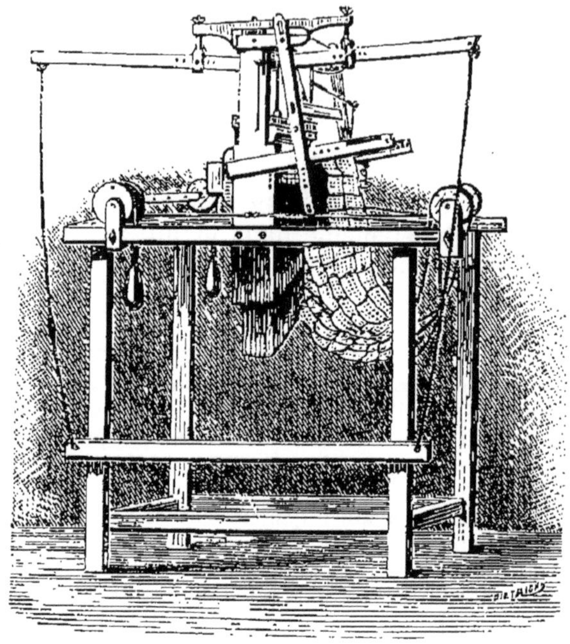

Fig. 10. — Le métier Jacquard.

Ne nous plaignons pas de notre sort. Seulement sachons découvrir la chose pour laquelle nous sommes faits et surtout n'entreprenons jamais plus que notre intelligence et nos forces ne nous le permettent.

Cependant Jeanne ne perdait pas de vue ce qu'avait

généralement adopté en 1812. Aujourd'hui il est répandu partout, non seulement en France, mais dans toute l'Europe, même en Chine *. La ville de Manchester * avait offert à Jacquard de venir installer en Angleterre des ateliers de tissage; il refusa par patriotisme.

Jacquard est un bel exemple de ce que peuvent la réflexion et l'observation attentive des choses ainsi que la ténacité dans les idées et le courage. Une statue lui a été élevée à Lyon.

dit auparavant son père. Elle pensait tout en mangeant. Puis tout à coup :

— Alors, père, dit-elle, tu ne m'empêcherais pas d'être couturière si je le voulais?

— Non, certes, dit le père, et je tâcherais, au contraire, de te trouver quelqu'un qui pût t'apprendre à fond ton métier. Car, vois-tu, ma petite Jeannette, il ne suffit pas, à ton âge, d'avoir le grand désir de travailler pour devenir une bonne ouvrière; il faut encore réunir beaucoup d'autres conditions : d'abord, faire son apprentissage auprès d'une maîtresse habile et expérimentée, être très docile à ses observations, enfin être persévérante : c'est ce qui manque le plus. Quand tu auras commencé, il faudra continuer et ne pas faire comme la fille de chez Valadon.

— Qu'a-t-elle fait, la fille de chez Valadon? demanda Jeanne, curieuse.

— Elle a voulu apprendre tous les métiers, quittant l'un, prenant l'autre sous prétexte de ceci, sous prétexte de cela, tant et si bien qu'aujourd'hui, à vingt ans, elle n'est pas plus couturière que repasseuse, pas plus modiste que bonne ménagère. Tous les métiers ont leurs inconvénients. Tous les apprentissages sont ennuyeux, tous les commencements sont difficiles, et, comme on dit, *ingrats,* et il arrive souvent que ce qui plaisait de loin, est bien désagréable vu de près. Mais, bah ! on en prend son parti. On passe sur toutes ces misères et, avec du courage et de la suite dans les idées, on finit par se faire une position dans le monde. Qu'en dites-vous, mère? dit Bernard, comme conclusion, en se tournant vers sa mère.

— Pierre qui roule n'amasse pas mousse, répondit-elle. Le proverbe le dit et le proverbe a raison. Si Jeanne veut entrer en apprentissage, il faut qu'elle réfléchisse bien avant de commencer.

— Mais, grand'mère, dit Jeanne, est-ce que je n'en sais pas assez, pour être couturière sans être apprentie?

Le bon vieux temps. — La vieille se mit à rire.

— Ainsi, tu crois, fillette, que, parce que tes ourlets et tes surjets sont bien réguliers, tu en sais assez pour t'établir? Mais non. Il te faut à présent apprendre à couper l'étoffe, à bâtir, comme on dit, les morceaux en les rapprochant les uns des autres, à essayer l'ouvrage aux clientes. Il faudra que tu saches varier la façon suivant les personnes et les usages du moment. Ah! quand j'étais jeune, comme cela était facile! Avec deux aunes* de droguet* on se faisait une jupe solide et avec quatre aunes de mérinos on établissait une belle robe pour les dimanches et les jours de fête. Nos coiffes et nos fichus étaient toujours de même forme, quoiqu'ils fussent variés de pays à pays, et il y en avait qu'on se léguait de mère en fille. Maintenant on fabrique de méchantes étoffes qui ne valent rien et qui font beaucoup d'effet; on vend des bonnets à rubans qui ressemblent à des chapeaux et qu'il faut jeter quand ils sont fanés... Non, on ne m'ôtera pas de l'idée que c'était mieux autrefois...

Chacun souriait, tout en se gardant bien de discuter avec la bonne grand'mère dont l'innocente manie était d'admirer le passé au préjudice du présent. Elle oubliait, la bonne vieille, que si nous trouvons si belles

---

LEÇON DE CHOSES : **Mérinos**. — Le mérinos est un tissu croisé, de pure laine, très solide, chaud et léger. Ce qui le distingue des autres tissus de laine, c'est qu'il n'est ni feutré ni foulé et que la *chaîne** et la *trame** sont faites en laines peignées avant d'avoir été filées.

On fabrique deux sortes de mérinos : le *mérinos double*, tissu très serré qu'on emploie pour corsages de fatigue ou vêtements d'hommes, et l'*escot*, fabriqué de la même façon, mais dont la laine dure et commune empêche ce tissu d'avoir de la souplesse.

les choses de notre jeunesse, c'est que c'était notre jeunesse elle-même qui nous les faisait trouver ainsi. Elle oubliait aussi qu'au temps dont elle parlait, les pauvres paysans étaient fort à plaindre, fort maltraités, qu'on les considérait plutôt comme des esclaves que comme des égaux, qu'on les laissait dans l'ignorance et qu'ils ne pouvaient, par la suite, jamais changer ou même améliorer leur position. Ce qu'on a appelé le *bon vieux temps* n'était donc pas le bon temps pour tous.

Le *mouton mérinos* (fig. 11), qui fournit la plus belle laine, que l'on dit originaire d'Espagne, y a été introduit par les Maures*, qui eux-mêmes l'avaient sans doute amené d'Afrique. On l'a connu très anciennement dans les provinces du Béarn* et du Roussillon*, mais il y était peu répandu. Cette race ne fut vraiment bien connue en France qu'au xviii° siècle. Le savant naturaliste Daubenton en amena un troupeau dans son domaine de Montbard,

Fig. 11. — Mouton mérinos.

en Bourgogne*, en 1766. En 1786, le roi Louis XVI reçut du roi d'Espagne, un troupeau de mérinos pour lequel il fit construire la bergerie de Rambouillet*. Dès lors les mérinos se répandirent par toute la France, ils s'y acclimatèrent et ils s'y sont même améliorés.

C'était ce que pensait Bernard, qui avait un grand bon sens. Il savait que la sagesse consiste à juger clairement les événements comme ils se présentent, c'est-à-dire à en voir le bon et le mauvais, mais jamais l'un sans l'autre.

Fig. 12. — Jeanne s'approcha de son père.

Au moment où on se levait de table, et où le père s'apprêtait à repartir pour les champs, Jeanne s'approcha de lui (fig. 12).

— Père, dit-elle, où pourrais-je le faire, mon apprentissage ?

— Cela, dit le père, regarde les femmes. La grand'mère fera ce qu'elle voudra. Moi, j'ai dit oui. Maintenant arrangez-vous à votre idée. Vous avez mon consentement.

— Oh ! merci, père ! s'écria Jeanne.

— A bientôt, mademoiselle la couturière, dit Pierre, toujours taquin.

Et les deux hommes s'éloignèrent dans la direction du vignoble qu'on apercevait au loin.

CHAPITRE II

LES DEUX AMIES. — LES VENDANGES.

Influence du bon exemple. — Vite, grand'mère, rangeons tout et nous irons ensuite au village.

— Quoi faire au village? dit la grand'mère.

— Dame! grand'mère, chez la Rousselotte, fit Jeanne tout interloquée.

— Ah! voyez-vous cela, petite sournoise! dit en souriant la grand'mère. Tu as déjà fait ton choix. C'est donc avec la Rousselotte que tu veux apprendre ton métier? Et je n'ai pas besoin de te demander pourquoi chez elle plutôt que chez une autre. Sa fille, Martine, est ton amie et ce sera bien agréable de bavarder toutes les deux en tirant l'aiguille.

— Mais oui, grand'mère, c'est pour cela. Est-ce que c'est mal d'avoir une amie et de désirer travailler avec elle?

— Non, non, ce n'est point mal, au contraire. Seulement, vois-tu, Martine n'est pas tout à fait l'amie qui me plairait pour toi. Elle est bruyante, étourdie, et je la crois un peu paresseuse.

— Oh! pour cela, grand'mère, tu as raison. A l'école, Mademoiselle se fâchait contre elle du matin au soir et elle n'a pas pu passer l'examen du certificat d'études. Mais elle est très bonne camarade, toujours complaisante et de charmante humeur. Et cependant, grand'mère (et en disant ces mots la fillette baissa la tête), il me semble que, lorsqu'elle est avec moi, elle est plus sage. Je la moralise un peu, et je t'assure qu'elle prend très bien ma morale.

— Ah bah! tu la moralises? dit en souriant la grand'mère; et que lui dis-tu pour cela?

— Je lui dis précisément des choses comme celles que disait mon père tout à l'heure, — pas aussi bien, c'est certain, — mais ce sont les mêmes idées. Car Martine voudrait tout savoir sans rien apprendre et ne travailler qu'à ce qui lui plaît dans le moment. Ainsi elle songe à aller à Périgueux, à être modiste, lingère, à vendre des rubans dans un magasin, à repasser des jupons de dames, enfin à faire tous les métiers. Je ne sais pas où elle a pris ces idées-là. Alors, quand elle me raconte ses projets, je lui dis que c'est très sot et très maladroit de vouloir quitter sa mère qui compte sur elle pour être sa meilleure ouvrière, qu'elle aurait bien du chagrin si elle l'entendait, et que...

La grand'mère se rapprocha de la petite fille, lui prit la tête dans ses deux mains et l'embrassa longuement (fig. 13).

Fig. 13. — La grand'mère se rapprocha de la petite fille et l'embrassa longuement.

— Tu es une brave fille, dit-elle, — et sa voix tremblait un peu en prononçant ces paroles. Si ta pauvre mère te voyait, elle serait contente de toi, car tu nous rends bien heureux. Reste comme cela, mignonne, tu feras ton bonheur et celui des tiens.

Tout à coup, on entendit une voix fraîche qui chantait au loin, sur la route, la jolie *Ronde des Fleurs* que connaissent toutes les écolières :

Dansons, chantons en chœur,
Pâquerettes, mignonnettes,
Dansons, chantons en chœur,
Chantons la chanson des fleurs !
Et répétons : Vivent les fleurs !

— Voilà Martine ! s'écria Jeanne, en se précipitant vers la porte.

Et elle chanta à son tour un couplet de la ronde :

Si ma fleur n'est pas belle,
Le bon Dieu me donna
Le parfum qui décèle
Le petit réséda.

Puis, comme Martine approchait toujours et que Jeanne courait au-devant d'elle, les deux enfants furent bien vite l'une près de l'autre (fig. 14).

— Martine, une bonne nouvelle, cria Jeanne.

Et avant que son amie l'eût interrogée, elle lui raconta la conversation qu'elle avait eue avec son père et avec sa grand'-mère, et la décision que l'on avait prise. Toutes les deux, elles sautaient de joie.

Fig. 14. — Les deux enfants furent bientôt l'une près de l'autre.

Pendant ce temps, la grand'mère mettait son fichu le plus propre et s'apprêtait à aller voir la Rousselotte, dont la maison était au centre du village.

Aux premiers mots que dit Mme Bernard pour faire part de son intention à la Rousselotte, celle-ci s'écria :

— Ah ! je crois bien que je la veux votre petite-fille, madame Bernard, et dès aujourd'hui, et tout de suite !... Quel bonheur pour moi d'avoir ainsi l'occasion de vous rendre un peu du bien que vous m'avez fait. Car je n'ai pas oublié et je n'oublierai jamais...

— Chut ! dit la grand'mère en l'interrompant et en portant son index* à ses lèvres, chut ! Rousselotte. Vous savez bien que je n'aime pas entendre rappeler le passé. Ce qui est fait est fait. Tant mieux si je vous ai rendu service, mais je ne veux pas que vous m'en parliez. Continuons. Non, Jeanne ne commencera ni aujourd'hui ni demain son apprentissage. Nous voici aux **vendanges**, nous allons avoir besoin d'elle. Ce sera donc après les vendanges qu'elle viendra régulièrement chez vous. Tu entends, Jeannette, ce que je dis : *régulièrement ?*

— Oui, oui, *ré-gu-liè-re-ment*, dit Jeanne en riant et en appuyant à dessein sur chaque syllabe, comme pour bien affirmer sa résolution de ne pas manquer un seul jour.

Leçon de choses : **Les Vendanges**. — Les vendanges se font en septembre ou octobre, suivant les pays. On reconnaît que le raisin est bon à être vendangé lorsque la queue de la grappe, perdant sa teinte verte, prend une nuance brune. Alors la peau du raisin s'attendrit et la pulpe devient juteuse.

Il faut que les vendanges soient terminées avant les premières gelées car les pluies d'automne, qui font tomber les feuilles, refroidissent l'atmosphère et risquent de pourrir le raisin.

Le nombre des vendangeurs employés doit être assez considérable afin qu'on n'ait jamais besoin d'attendre au lendemain pour compléter la charge d'une *cuve*, ce qui troublerait la fermentation commencée depuis la veille.

C'est avec des ciseaux ou un *sécateur**, mais non avec une serpette, qu'il faut cueillir les raisins afin de ne leur donner aucune secousse, laquelle aurait pour effet de faire tomber à terre les raisins très mûrs. Il faut laisser le moins possible de queue aux grappes que l'on détache. Les grappes, en partie pourries, seront mises à part et épluchées avant d'être portées à la cuve; les grappes absolument gâtées seront abandonnées sur le cep.

Les amies se séparèrent ensuite et grand'mère Bernard, donnant le bras à Jeanne rayonnante, revint à la ferme (fig. 15).

Peu après, en effet, les vendanges commencèrent.

Coup d'œil sur le pays au moment des vendanges. — Elles commencèrent (fig. 16), un beau matin de septembre. Jeanne les attendait

Fig. 15. — Grand'mère Bernard donnant le bras à Jeanne, revint à la ferme.

Fig. 16. — Les vendanges.

impatiemment. Aussi fut-elle levée de bonne heure ce jour-là, prête à partir pour le vignoble que l'on apercevait à quelque distance.

La matinée était fraîche. Une brume légère voilait

à demi les riches coteaux de cette région si fertile et si séduisante à l'œil. Vraiment, il eût fallu n'avoir rien dans le cœur pour ne pas l'aimer, cette belle campagne aux nuances si douces et de laquelle se dégageait l'odeur rustique des foins, des fleurs, des arbres chargés de fruits. Chacun se disait cela à soi-même en allant vers la vigne, ou plutôt le sentait instinctivement sans pouvoir se l'exprimer ; car les gens de cam-

Fig. 17. — Le départ pour la vigne.

pagne parlent peu, même intérieurement, mais ils savent, mieux peut-être que ceux de la ville, jouir pleinement des bienfaits et des beautés de la nature.

Pour l'occasion, les Bernard avaient loué deux journaliers, qui marchaient avec eux près de la charrette que traînaient Coco et Blanchet (fig. 17), les deux bœufs de Bernard, peu chargés à présent, car les hottes, les paniers vides et les outils ne pesaient guère ; mais le soir, grâce à Dieu ! la charrette serait plus lourde.

Ils allaient tous ainsi côte à côte, sans distinction de rang, le possesseur du bien n'étant pas fier de sa petite

richesse, le pauvre journalier n'étant pas humilié de
travailler moyennant salaire. Il en est presque toujours ainsi à la campagne. L'amour des paysans pour
leur terre est le plus sain et le plus vivifiant de tous.
Il efface les distinctions que la fortune peut établir.
Tous sentent qu'ils ont besoin les uns des autres pour
cultiver ce sol qu'ils aiment tant, et cela forme entre
eux un lien solide qui rattache étroitement le pauvre
au riche.

On se mit au travail de bon cœur sous le chaud soleil qui avait enfin chassé la brume. Jeanne allait çà
et là, surveillant les
journaliers. Elle rencon-
trait des ceps* qui n'a-
vaient pas été touchés,
et sur lesquels auraient
pourri de belles grappes
abandonnées qu'elle
s'empressait de cueillir.
Elle *grappillait* aussi,
comme on dit (fig. 18),
ramassant les petites
grappes, emplissant son
panier, tout en se disant :
« Rien ne vaut l'œil du

Fig. 18. — Elle grappillait aussi.

maître. Quand je serai patronne d'un grand atelier, je
saurai bien m'en souvenir. »

Cela dura ainsi pendant trois journées. Puis le
cuvage*, le foulage*, la surveillance du jus qui coulait
de la cuve et que l'on recueillait dans des baquets,
occupèrent les semaines suivantes. Jeanne aidait de
son mieux, comme si elle eût prévu que c'étaient là les
dernières vendanges auxquelles elle assisterait.

CHAPITRE III

TOUT NOUVEAU, TOUT BEAU. — LES VEILLÉES AU VILLAGE

Jeanne commence son apprentissage. — Les vendanges étaient terminées. Il n'y avait plus qu'à arracher quelques pommes de terre et des betteraves qui auraient pourri dans le sol si l'on n'y avait pris garde. Les feuilles s'étendaient sur la terre comme un tapis couleur de rouille ou tournoyaient sur les routes chassées par le vent d'automne, précurseur* de l'hiver.

C'était le moment où Jeanne allait entrer en apprentissage, car les gros travaux de la ferme étaient finis et les veillées allaient commencer.

Un matin, elle arriva donc chez la Rousselotte. La Rousselotte n'était pas une fine couturière, mais c'était une brave femme, estimée de tous, car la vie était rude pour elle. Elle était restée veuve après un an de mariage avec un charpentier de Nanteuil, mort par accident. La pauvre Rousselotte s'était trouvée, au lendemain de l'enterrement, absolument

Fig. 19. — La pauvre Rousselotte s'était trouvée absolument seule...

seule en ce monde, avec une petite fille d'un mois sur les bras et rien dans la poche ni dans la huche* (fig. 19).

Heureusement, grand'mère Bernard était là : elle était accourue comme une bonne créature qu'elle était, apportant du linge, des provisions et un vieux bas de laine bleue plein de petites pièces et de gros sous. Ce n'était pas tout : elle apportait mieux encore à la pauvre veuve en lui prodiguant les consolations simples et vraies qui viennent du cœur et vont au cœur. La Rousselotte le sentit et, de ce jour-là, elle voua à grand'mère Bernard et à toute sa famille une reconnaissante affection. Douze ans s'étaient passés depuis ce premier jour de veuvage, mais la Rousselotte avait la mémoire du cœur très fidèle et elle n'avait rien oublié.

Elle ne pouvait être que très heureuse à la pensée de rendre service à sa vieille amie. C'est pourquoi elle avait accepté avec joie la proposition de grand'mère Bernard et avait promis de veiller sur Jeanne comme sur sa propre fille. La Rousselotte aimait beaucoup cette sage petite Jeanne et, bien souvent, elle lui comparait, dans son esprit, la joyeuse maïs espiègle Martine et songeait tristement : « Si ma petite ressemblait à la fille des Bernard, je serais plus tranquille quand je me sens malade. Peut-être que cette bonne amitié de Jeanne changera l'humeur de ma turbulente fille. »

Fig. 20. — Martine vagabondait à travers champs.

En attendant, Martine vagabondait à travers champs, grimpant aux arbres, dénichant les oisillons, agaçant les bêtes au pâturage et rentrant le soir en loques, les cheveux emmêlés et de la poussière jusqu'au cou (fig. 20).

La Rousselotte grondait. Martine, sans écouter les gronderies, mangeait comme un vrai petit loup et dormait ensuite comme une marmotte. C'était une de ces créatures si vives, si pétulantes qu'elles sont à l'étroit partout; si insouciantes que les reproches glissent sur elles sans laisser de trace et si gaies, si serviables, si drôlettes qu'on ne peut s'empêcher de les aimer malgré leurs défauts.

Quand l'apprentissage de Jeanne commença, la turbulente Martine, séduite par l'exemple de son amie, se prit d'un subit amour pour la couture. Les premiers jours de ce travail à deux furent charmants. La Rousselotte présidait, donnant des conseils, expliquant la façon d'un point, entremêlant ses leçons de mille histoires de sa jeunesse (fig. 21). Jeanne, assise près de la fenêtre, écoutait sans lever les yeux et Martine, rouge d'anxiété, les doigts tremblants de la peur de mal faire, enchevêtrait les

Fig. 21. — La Rousselotte présidait, donnait des conseils...

Leçon de choses : **Marmotte**. — La marmotte (fig. 22) est un animal de l'espèce des rongeurs, qui ressemble un peu à un écureuil, mais qui en est tout l'opposé par le caractère et le tempérament. La marmotte est lourde, sa tête est large et aplatie, ses membres courts et trapus. Elle a à peu près la taille d'un lapin.

Au commencement de l'hiver, les marmottes se creusent de profonds *terriers* qu'elles garnissent intérieurement avec du foin et

uns dans les autres de grands points indécis, boiteux, grimaçants qui avaient la prétention de former une **couture rabattue.**

— Si ces bonnes dispositions pouvaient durer ! pensait la Rousselotte.

Cependant les jours passaient et elles duraient. Oui, vraiment, le jupon de serge violette entrepris par

---

dont elles bouchent l'orifice avec de la terre. Elles y restent enfermées tout l'hiver, dans un état d'engourdissement et de sommeil léthargique *. Quand elles entrent dans ce terrier, elles sont très grasses, et elles sont très maigres quand elles en sortent.

La marmotte est douce, s'apprivoise très bien. Les marmottes des *Alpes* servent de nourriture aux Savoyards et même parfois de gagne-pain, quand ils les ont dressées pour les montrer en public. Les *marmottes*

Fig. 22. — Marmotte.

du Canada ont une jolie fourrure avec laquelle on garnit les vêtements.

TRAVAIL A L'AIGUILLE : **Conture rabattue.**— Pour faire une couture rabattue (fig. 23), on met bord contre bord les deux étoffes qu'on veut réunir, en ayant soin de laisser dépasser de quelques millimètres celle qui doit être rabattue. On fait ensuite la couture soit à points devant, soit à points de côté, suivant l'espèce d'étoffe que l'on coud. — Lorsque cette couture est achevée, on arrête et on revient au point où elle a été commencée. Là, on rabat l'étoffe qui dépasse en ayant soin d'opérer bien à droit fil. Puis on écarte en dessous les deux étoffes et on coud à plat sur l'une d'elles, comme si on voulait faire un ourlet.

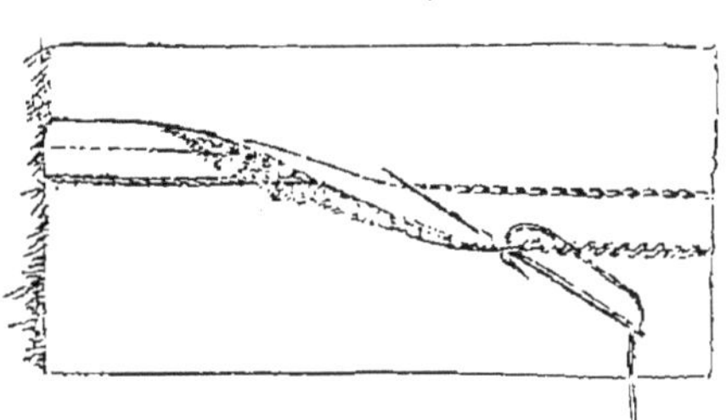

Fig. 23. — Couture rabattue.

La couture rabattue ne s'emploie guère que pour les étoffes minces, principalement dans la lingerie.

Quelques personnes, après avoir mis l'une sur l'autre les deux étoffes, font immédiatement le rempli et cousent ainsi à points devant les trois épaisseurs. Ce procédé rend la couture plus régulière, mais ne peut s'appliquer qu'aux tissus fort minces.

Martine semblait venir à bien. Jeanne était plus avancée : le corsage de futaine* qu'elle confectionnait avait très bonne mine et la Rousselotte était fière de son apprentie.

— Attendez seulement un an, disait-elle à ses voisines, et vous verrez que cette petite-là en saura autant que moi.

— Ça sera tant mieux pour les Bernard qui sont de bien braves gens, répondaient les commères.

Et la Rousselotte toute riante ajoutait en s'adressant à l'enfant :

— M'est avis, Jeannette, que tu seras maîtresse couturière avant que Martine ait fini son jupon violet. Tu la prendras comme apprentie, hein?

Un beau jour, le corsage de futaine fut fini et Jeanne l'apporta en triomphe à sa grand'mère. Celle-ci n'en revenait pas de voir des manches si bien montées, des poignets piqués comme par une machine et un col taillé à ravir, un joli petit col à dentelle.

Après le corsage, vint un tablier de cotonnade, puis un autre corsage, puis un autre tablier.... On n'en sortait pas ! Tout était taillé sur le même patron que l'on modifiait légèrement suivant la taille des clientes. Jeanne avait rêvé autre chose. La monotonie* de son travail l'ennuyait. Elle ne savait pas qu'il n'y a point de métier qui n'ait sa part de désagrément et qu'il faut supporter courageusement ces premiers débuts. Quant à Martine, elle déclara la couture insupportable. La chatte de la maison, la grosse Moune, fit plus d'un somme sur le jupon violet inachevé.

Comment les paysans emploient leurs soirées d'hiver. — Inquiétudes de Jeanne. — Ainsi passaient au village les jours et les semaines partagés entre le travail de la couture, les soins du ménage, le labeur de la vie des champs.

Les soirées étaient, pour Jeanne, plus gaies que les jours.

Dès la nuit venue, on se rendait soit chez les Bernard, soit chez la Rousselotte, soit chez quelque autre voisin, afin de s'entr'aider dans les travaux d'hiver. On se réunissait chez l'un ou chez l'autre, à la lueur des chandelles de résine * ou de suif *, ou bien on était

Fig. 24. — La veillée au village.

éclairé par des lampes, selon la fortune de chacun (fig. 24).

Parfois il s'agissait de peler les **châtaignes** qui, le lendemain, feraient le fond du déjeuner de la famille; car en Périgord *, le paysan se nourrit le plus souvent, en cette saison, de belles châtaignes blanchies, cuites à l'étouffée, de soupe et de fromage.

LEÇON DE CHOSES : **Châtaignes.** — Les châtaignes sont les fruits du châtaignier, arbre très commun en France, surtout dans le *Limousin*, le *Périgord* et l'*Auvergne*, où l'on en rencontre de vastes forêts.

Le châtaignier est un bel arbre qui pousse lentement et ne commence à produire des fruits que vers sa trentième année

D'autres fois, la veillée se passait à égrener le maïs

Aussi vit-il très longtemps. On fait avec son bois des échalas et des charpentes légères, des futailles et des cercles de barriques. Dans les pays où il pousse, on en fabrique des meubles et des sièges légers. Il est mauvais pour le chauffage, quoique cependant il soit utilisé pour cela dans le centre de la France.

La châtaigne est un aliment sain, mais de digestion assez difficile parce qu'elle contient trop peu de gluten *.

Le *marron* est le fruit d'une variété de châtaignier. Il est plus fin, plus délicat que la châtaigne. Les uns et les autres se mangent bouillis ou grillés. On en fait aussi des purées, des gâteaux. On peut encore les faire sécher au four et, dans cet état, on les conserve très longtemps. Les volailles engraissées avec des châtaignes acquièrent un goût excellent.

Leçon de choses : **Maïs.** — Le maïs (fig. 25) est une plante *graminée* qu'on appelle aussi blé de Turquie, blé d'Espagne, blé rouge. Le grain qui vient en un gros épi est savoureux et donne une farine d'un jaune plus ou moins vif suivant l'espèce du maïs.

On reconnaît que le maïs est mûr lorsque ses feuilles sont entièrement desséchées, lorsque l'épi se montre à travers son enve-

Tige de maïs.

Grain de maïs.

Épi de maïs.

Fig. 25. — Maïs.

loppe qui s'est déchirée d'elle-même et lorsque les grains sont durs.

Dans le midi de la France, en Espagne et en Italie, la farine de maïs est très employée pour l'alimentation des gens peu aisés. Le grain est excellent pour la volaille.

On attribue à l'usage immodéré du maïs une dangereuse maladie de peau appelée *pellagre;* mais il est reconnu qu'elle n'est donnée que par l'usage des maïs avariés.

qui nourrit la volaille et qui donne une belle farine dont on fait de la bouillie, des gâteaux et des crêpes.

Parfois, on cassait les **noix** destinées à faire l'huile dont les gens se servent pour leur nourriture ou pour l'éclairage.

L'hiver s'écoula de la sorte, rempli par l'apprentissage, le jour, par les réunions des longues soirées, et il ne parut point ennuyeux à Jeanne ; mais le printemps venu, la fillette devint toute songeuse. Pourquoi ? La Rousselotte, qui avait remarqué cette disposition, ne pouvait en deviner la cause. Elle s'interrogeait, se demandait si elle n'avait rien à se reprocher, mais sa conscience était tranquille ; vraiment elle n'était pour rien dans les ennuis de la petite.

Cependant, elle voulut en avoir le cœur net.

— Qu'as-tu donc, petite ? fit-elle tout à coup un beau jour, pendant que Jeannette tirait l'aiguille. Tu as l'air tout ennuyée.

— Je n'ai rien, Rousselotte, répondit Jeanne en rougissant très fort.

— Ta grand'mère t'aurait-elle grondée pour quelque sottise ?

— Non, je vous assure. Grand'mère est contente de moi, et moi, je fais tout ce que je peux pour la satisfaire.

— Jamais tu ne feras trop pour la rendre heureuse, Jeannette. Elle t'aime tant ! Elle est si bonne ! Ah ! quel

---

Leçon de choses : **Noix**. — La noix est le fruit du *noyer*, qui vit dans les mêmes régions que le châtaignier. La noix verte sert à faire la liqueur appelée *brou de noix* ; pour cela on la confit au sucre et à l'eau-de-vie. Le *cerneau* est la noix verte qu'on mange à table.

Des noix à coque tendre, on tire de l'huile d'un goût un peu fort, dont on se sert pour assaisonner les aliments ou qu'on brûle dans des lampes.

La récolte des noix se fait lorsque la première enveloppe noircit et commence à se fendre.

bonheur de vivre auprès d'une personne comme elle!

— Cependant, Rousselotte, dit Jeanne en hésitant... cependant... qui sait si un jour il ne faudra pas que je la quitte pour...

— La quitter! s'écria la Rousselotte en s'arrêtant tout à coup de tirer l'aiguille. Et pour quoi faire?

Sa figure était toute changée par l'émotion. Il semblait que Jeanne avait blasphémé *.

— ... La quitter! Et qu'irais-tu apprendre ailleurs? N'es-tu pas heureuse là? Ne gagneras-tu pas ta vie comme j'ai gagné la mienne? Je te laisserai bientôt toutes mes pratiques, car mes yeux sont fatigués, quoique je ne sois pas très vieille, mais j'ai tant pleuré que ce n'est pas étonnant. Alors Martine et toi vous travaillerez ensemble, vous serez plus habiles que moi et c'est moi qui serai votre ouvrière...

Jeanne était très rouge. Elle sentait que son secret allait lui échapper et elle n'aurait pas voulu le dire à d'autres qu'à sa chère grand'mère, aussi était-elle fort embarrassée.

— Allons, Rousselotte, dit-elle rougissante et embarrassée, n'en parlons plus. C'est une idée qui m'était venue... comme ça... vous savez... sans penser..., mais rassurez-vous et ne croyez pas que j'aie des idées de voyager... pour mon plaisir... seulement j'aime beaucoup mon métier et je crois que j'ai encore beaucoup de choses à apprendre. C'est pour cela que ça m'ennuierait de rester toute ma vie sans les savoir. Voilà tout, Rousselotte, voilà tout, il n'y a pas autre chose.

La Rousselotte, qui était fine, devina alors pourquoi Jeanne avait l'air de s'ennuyer quelquefois, pourquoi aussi l'ouvrage semblait lui peser, et pourquoi encore elle ne s'intéressait plus à la coupe des tabliers à bavette, des corsages à basque et des jupons courts. Elle pensa aussi qu'en effet elle n'était pas assez savante dans son métier pour former cette petite fille qui, déjà, en savait plus qu'elle.

Elle resta songeuse, sans parler, pendant plus d'une heure, tandis que Jeanne, silencieuse à son côté, cousait, — très vite, maintenant, — certain tablier à poches qu'elle avait taillé en un tour de main.

Quant à Martine, elle était partie dès le matin (fig. 26), pour chercher chez la femme du maire, l'étoffe destinée à faire à

Fig. 26. — Martine était partie dès le matin.

celle-ci une belle robe pour les dimanches.

CHAPITRE IV

LES IDÉES DE LA ROUSSELOTTE

La Rousselotte a deviné la pensée de Jeanne. — Dès le lendemain, la Rousselotte alla chez les Bernard, pendant que Jeanne et Martine assemblaient les lés de la jupe de Mme Rameau, la femme du maire, et bâtissaient le faux ourlet.

Elle était bonne, la Rousselotte, mais surtout très honnête. Déjà, depuis quelque temps, elle s'était aperçue que Jeanne n'apprenait pas grand'chose auprès d'elle, non pas que la fillette ne fût attentive et appliquée, mais parce qu'elle réussissait bien, du premier coup, dans tout ce qu'on lui donnait à faire. Il est vrai qu'il n'y avait pas beaucoup d'ouvrage nouveau, et Jeanne piétinait sur place, comme on dit, c'est-à-dire qu'elle paraissait avancer en savoir et que cependant elle n'apprenait rien de plus.

Quand la Rousselotte fut bien convaincue de cela, elle comprit que sa conscience était engagée en gardant l'enfant plus longtemps auprès d'elle, et elle prit la résolution d'insister auprès des Bernard pour qu'ils envoyassent la petite en apprentissage à Périgueux, où elle aurait mille occasions d'apprendre à fond son métier.

Fig. 27. — La Rousselotte s'était mise en route.

C'est pourquoi, malgré le froid et le mauvais temps, la Rousselotte s'était mise en route. (fig. 27) pour aller causer avec la grand'mère Bernard.

Elle n'y alla pas par quatre chemins, la bonne femme. Tout de suite, elle dit à la vieille le motif de sa visite, et ses raisons, et l'habileté de Jeanne, et la sottise qu'il y aurait à la garder auprès de soi plus longtemps.

La Rousselotte n'a plus rien à apprendre à Jeanne. — Nouveau projet. — Jeanne va sur les quatorze ans, dit la Rousselotte; elle est raisonnable, il faut qu'elle apprenne dès maintenant à gagner sa vie toute seule. Vous, grand'mère Bernard, vous la soignez encore comme lorsqu'elle était toute petite. Le matin, elle trouve, en se levant, le feu allumé, le lait chaud, ses vêtements préparés. Vous lui épargnez toute

peine depuis qu'elle vient chaque jour auprès de moi,
mais cela ne suffit pas. Il faut l'habituer à penser elle-
même à ce qui lui est nécessaire, et cela ne sera pas tant
qu'elle vous aura pour songer à tout. Que deviendrait-
elle maintenant, si vous lui manquiez? Et puis, enfin,
je vous le dis, cette petite est *douée,* oui, elle est douée,
elle travaille comme une fée, et je vous assure qu'un
jour elle vous fera honneur. Maintenant, c'est dit, vous
ferez comme vous voudrez, grand'mère Bernard; ma
conscience est en repos, car, en vous parlant de cette
manière, j'ai rem-
pli mon devoir en-
vers cette enfant
que j'aime de tout
mon cœur.

La grand'mère
avait d'abord été
bien surprise de
toute cette longue
tirade, que la Rous-
selotte lui avait
débitée sans pren-
dre respiration
(fig. 28) ; mais elle

Fig. 28. — La Rousselotte et grand'mère
Bernard.

l'écouta patiemment jusqu'au bout, avec cette tranquillité des gens de campagne, qui ne se pressent
jamais ni de parler, ni de marcher, ni de manger. Elle
hochait un peu la tête, regardait la bonne femme dans
les yeux, mais ne l'interrompait pas. Quand celle-ci eut
terminé :

— Tout cela est très sérieux, Rousselotte, dit-elle.
Nous y réfléchirons, mon fils et moi; mais ne dites rien
de cela à la petite. Vous savez comme la jeunesse a la
tête vite montée. Elle se verrait déjà demoiselle dans
un grand atelier à la ville et pendant ce temps votre

couture n'avancerait guère. Mais, dites-moi, puisque vous raisonnez si bien pour Jeanne, pourquoi ne faites-vous pas de même pour Martine, car enfin...

— Oh! cela est une autre affaire, dit la Rousselotte. Martine n'a pas grand goût à la besogne; elle travaille parce qu'il le faut, et elle en apprendra toujours assez auprès de moi. Elle n'est pas bonne à autre chose qu'à être une simple couturière, et elle ne sera que cela. M'est avis qu'on est toujours maladroit d'accepter une besogne pour laquelle on n'est pas fait. Couturière de village je suis, couturière de village sera ma fille, qui n'est pas plus habile que moi. Et, tenez, grand'-mère Bernard, pour vous prouver que Jeanne a du talent, je m'engage à lui laisser tailler et coudre à elle seule la robe de Mme Rameau qu'elle commence aujourd'hui. Attendez à dimanche prochain, je vous réponds que vous verrez quelque chose de joli.

La grand'mère ne put s'empêcher de rire de l'ardeur avec laquelle la Rousselotte racontait les talents de Jeanne. Elle en était bien fière au fond, la bonne femme, mais quand la Rousselotte fut partie, elle sentit cependant un grand chagrin l'envahir. Elle revit par la pensée la pauvre maman de Jeanne, mourante, lui recommandant sa petite : « Bonne maman, soignez-la, gardez-la »; et puis le petit berceau de l'enfant, et le grand lit qu'elles partageaient maintenant, et la maison, plus triste encore lorsque ce cher petit oiseau serait envolé. Deux larmes tremblèrent au bord de ses paupières, elles roulèrent sur sa bonne figure ridée et glissèrent sur sa poitrine, allant tomber juste à l'endroit où battait son cœur.

Le chef-d'œuvre de Jeanne. — Il avait été convenu qu'on ne dirait rien à Jeanne du nouveau projet, et, d'autre part, après avoir bien réfléchi, grand'mère Bernard ne voulut pas en parler à son fils avant que

Jeanne eût fait ses preuves par la confection de la fameuse robe de cachemire noir.

La Rousselotte avait laissé Jeanne complètement maîtresse de la fabriquer à sa guise, et il n'est pas besoin de dire combien Jeanne était fière de cette confiance. La bonne femme l'emmena avec elle lorsqu'il fallut essayer le corsage à Mme Rameau, la femme du maire ; et, sous prétexte qu'elle était un peu fatiguée ce jour-là et ne pouvait se tenir debout, elle laissa Jeanne placer les épingles par-ci par-là (fig. 29), donner des coups de ciseaux à l'entournure, à l'encolure, marquer la place des boutons et des boutonnières, ainsi que la position des manches.

Fig. 29. — La Rousselotte laissa Jeanne placer des épingles par-ci, par-là...

— Vous avez là une bonne petite apprentie, Rousselotte, fit Mme Rameau.

— Oh ! oui, madame, et j'en suis fière, répondit

Rousselotte, car c'est mon élève, et, avant d'entrer chez moi, jamais du grand jamais elle n'avait tenu les ciseaux.

Jeanne était bien contente de ces éloges, et pourtant elle en était troublée, car au dedans elle pensait que la pauvre Rousselotte se trompait un peu. Car enfin, ne devait-elle rien à cette bonne Mlle Valette, sa maîtresse d'école? N'était-ce pas là qu'elle avait, — quoi qu'en dise Rousselotte, — appris à tenir les ciseaux? Et les leçons de coupe? Et les longues après-midi des jeudis, où Mademoiselle enseignait aux enfants l'art de faire tous les points de couture, même les plus difficiles? Et puis les instructions de la bonne grand'mère, si patiente, si habile, malgré ses yeux de soixante ans et ses grosses lunettes?

Jeanne aurait donc bien volontiers répondu : « Pardon, Rousselotte, vous vous trompez; je savais déjà un peu coudre et tailler quand je suis arrivée chez vous. » Mais elle songea au chagrin qu'elle ferait à la pauvre femme, à l'humiliation qu'elle en éprouverait devant Mme Rameau, et elle se contint, elle garda le silence.

C'est ainsi que Jeanne, avec sa droiture d'esprit et sa bonté, avait deviné qu'il y a une grande délicatesse de cœur à ne pas désabuser ceux qui nous font quelque bien ou quelque plaisir, alors même qu'ils exagèrent ce qu'ils font pour nous.

---

est fabriqué avec la toison d'un mouton de race entièrement nouvelle, dont les produits égalent presque la laine de Cachemire. On fabrique aussi des châles en cachemire français dont les couleurs et les dessins imitent un peu les couleurs et les dessins des cachemires de l'Inde, mais sans les égaler. Les châles de cachemire français sont faits au métier, tandis que les châles de cachemire de l'Inde sont fabriqués à la main, par petits morceaux, ajustés ensuite les uns aux autres. La fabrication d'un seul de ces châles peut occuper un atelier pendant toute une année. Un beau châle de cette sorte est fait de plus de mille morceaux.

La fin de la séance se passa donc en éloges adressés à la petite couturière, qui reprit vite le chemin de l'atelier pour terminer la belle robe de cachemire noir.

Elle fut prête pour le dimanche suivant, la fameuse robe.

Il avait été convenu que la grand'mère et la Rousselotte iraient ensemble ce jour-là rendre visite,

Fig. 30. — Elles trouvèrent Mme Rameau causant devant sa porte.

sous un prétexte quelconque, à Mme Rameau, afin de voir de plus près le chef-d'œuvre de la petite fille.

Elles trouvèrent Mme Rameau, devant sa porte (fig. 30), en train de causer avec une voisine. Après les saluts d'usage, Mme Rameau dit à la Rousselotte :

— Tenez, Rousselotte, nous parlions de vous, Gervaise et moi ; nous disions que ma robe m'allait comme un gant et que je n'avais jamais rien eu de mieux coupé et de mieux cousu. Voilà une robe qui, j'en suis sûre, va vous attirer des pratiques.

— Tant mieux, tant mieux ! dit la Rousselotte d'un

air fin, en regardant la grand-mère. Montrez-vous donc un peu à Mme Bernard qui, elle aussi, a bien envie de voir de près le travail auquel sa petite-fille est bien pour quelque chose, je vous en réponds.

— Volontiers, dit la femme du maire.

Et elle se mit à tourner lentement sur elle-même pour faire valoir la jupe (fig. 31). Elle levait les bras en l'air pour montrer combien elle était à l'aise dans son corsage.

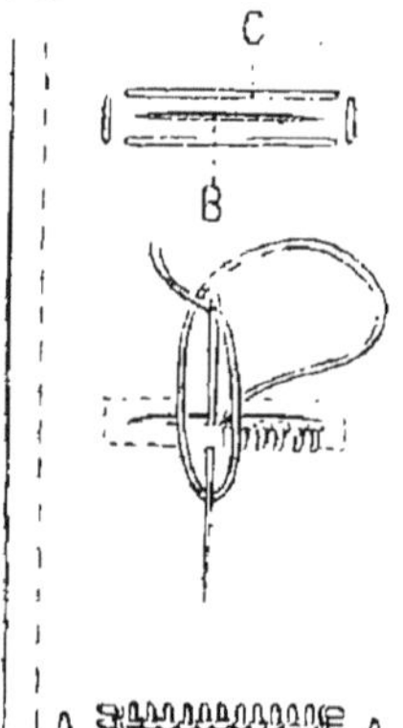

Fig. 31. — Mme Rameau se mit à tourner lentement sur elle-même pour aire valoir la jupe.

Elle faisait admirer la finesse des **boutonnières**, la

Travail a l'aiguille : **Boutonnières**. — Les boutonnières (fig. 32) doivent être taillées exactement sur les dimensions des boutons auxquels elles sont destinées, sans quoi elles se déforment et s'usent très vite. Une boutonnière sera taillée à droit fil, dans l'étoffe double, jamais simple, à moins que ce ne soit du drap. La fente B étant pratiquée, on passera tout autour un point devant C destiné à maintenir l'une sur l'autre, bien régulièrement les deux étoffes. La boutonnière A A se borde ensuite à l'aide d'un point de feston dont le principal mérite est la finesse et la régularité. Les points doivent être très rapprochés les uns des autres et le fil très solide afin de donner de la rigidité aux bords de la boutonnière. A chaque extrémité de la fente, on fait une bride plate destinée à consolider cet endroit qui est celui où la boutonnière risque le plus de casser.

Fig. 32.—Boutonnières.

Pour les boutonnières de vêtements d'hommes, on pose le long des bords de la fente un cordonnet de soie qu'on recouvre avec le feston au fur et à mesure que l'on coud. Cela augmente encore la solidité du travail.

piqûre du col, et la grâce des revers qui terminaient les manches. Puis il fallut montrer l'envers de la robe, faire voir le faux ourlet bien tendu, sans une fronce, la bordure bien posée à l'extrême bord, la poche solidement cousue.

Grand'mère n'en revenait pas. Après avoir quitté Mme Rameau, pendant qu'elle s'éloignait avec Rousselotte, elle ne cessait de répéter :

— Toute seule, Rousselotte, toute seule? Vous dites toute seule? C'est bien vrai?

— Oui, oui, toute seule, disait la couturière.

Travail a l'aiguille : **Piqûres, faux-ourlet.** — La piqûre (fig. 33) est un point arrière très soigné et que pour cela on appelle *perlé*. Pour bien faire une piqûre on pique l'aiguille dans l'étoffe, on la fait ressortir un peu plus loin. puis on revient en arrière et on pique l'aiguille dans le trou d'où elle vient de sortir et ainsi de suite. Une piqûre n'est jolie que lorsque tous les points sont absolument de même longueur. Le fil employé ne doit pas être trop fin

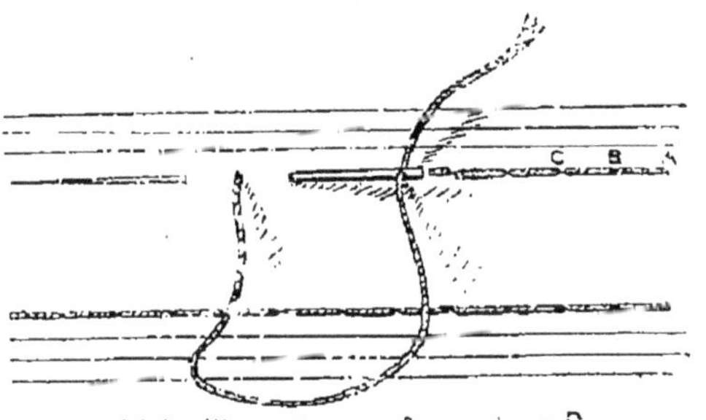

Fig. 33. — Piqûre.

pour qu'il puisse bien remplir les trous faits par l'aiguille et qu'il donne un peu de relief à la couture. La piqûre ne se fait bien que sur les étoffes doubles. Plusieurs rangs de piqûres, à égale distance les uns des autres, sont un très simple et très joli ornement pour toutes sortes de vêtements et pour la lingerie.

Un faux ourlet se met à la place de l'ourlet lorsque celui-ci est usé au bord ou lorsqu'on veut économiser de l'étoffe. Le faux ourlet est une bande que l'on rapporte au bord de l'étoffe à l'aide d'une couture à points devant. On replie ensuite l'étoffe du faux ourlet à l'envers et on coud à point d'ourlet. — On emploie ce procédé pour allonger ou rafraîchir les robes et les jupons. Le faux ourlet se fait toujours en étoffe plus forte et plus solide que le tissu auquel il est joint.

Et sa bonne figure s'épanouissait de joie et d'orgueil.
Cependant elle eut un moment de tristesse.

— Ah! que n'est-ce ma Martine qui a fait cela!... dit
la pauvre femme, presque douloureusement, jamais,
non jamais, elle ne me donnera cette joie.

— Elle vous en donnera d'autres, Rousselotte, fit la
grand'mère, avec un peu d'émotion. Moi, je le vois
bien, je devrai me séparer de Jeannette, mais vous,
vous garderez votre Martine auprès de vous tout tranquillement. Et tenez, Rousselotte, je me demande quelquefois si je ne ferais pas mieux de ne pas envoyer Jeanne à Périgueux. Qui sait si elle n'en reviendra pas toute changée, fière, coquette, avec beaucoup de ces vilains

Fig. 34. — Les deux femmes arrivèrent
jusqu'à la ferme des Bernard.

défauts qu'on prend quelquefois dans les grandes villes?
Qui sait si elle ne nous oubliera pas?...

— Ne dites pas cela, grand'mère Bernard, Jeanne a
trop de cœur et trop d'esprit pour devenir fière et
coquette. Dites plutôt que vous avez une grande peine
de vous en séparer, parce que vous ne vous étiez jamais
faite à cette idée. Et pourtant, c'est comme cela,
ajouta-t-elle tout bas, comme en se parlant à elle-
même. Les parents élèvent leurs enfants avec mille
soins, mille fatigues, mille préoccupations. Puis un

beau jour, l'enfant s'en va, comme les oiseaux des champs qui quittent le nid lorsque leurs ailes sont assez fortes. Ce n'est pas pour soi qu'on les élève, ces chers enfants, c'est pour eux, c'est pour d'autres... il faut penser à ça... ne pas se faire de tourment... se résigner... et leur laisser prendre leur volée quand le moment sera venu.

La grand'mère était toute songeuse; ce que voyant, la Rousselotte n'osa plus parler, car elle avait pour la bonne vieille le plus grand respect.

Et silencieusement, bras dessus, bras dessous, les deux femmes arrivèrent jusqu'à la ferme des Bernard (fig. 34).

CHAPITRE V

UNE IMPORTANTE DÉCISION

La Rousselotte chez les Bernard. — Le père Bernard lisait son journal (fig. 35), assis au coin de la grande cheminée, ses gros souliers posés sur les chenets brillants. La flamme éclairait d'une vive lueur l'âtre profond et la moitié de la cuisine. Les casseroles de cuivre reflétaient cette joyeuse lumière du feu qui est vraiment le « soleil de l'hiver ». La table noircie par l'usage, les vieilles mais solides chaises, le coffre à pain, jusqu'au coucou* qui battait les secondes dans sa boîte vernie, luisante comme une glace, tout révélait l'activité, l'ordre et la propreté méticuleuse de grand'-mère Bernard. Certes, ce n'était pas un de ces riches intérieurs qu'on rencontre dans les villes, avec des meubles cossus et vernis, mais cette grande salle calme avec son plafond de solives, sa parure de vaisselle multicolore, ses rideaux à carreaux bleus et blancs et son feu pétillant, clair, plein d'étincelles, faisait vraiment plaisir à voir.

Fig. 35. — Le père Bernard lisait son journal.

— On est bien chez soi, dit le père Bernard en se tournant pour accueillir la grand'mère et la Rousselotte. Chauffez-vous, Rousselotte, vous avez l'air gelée... Jeanne, donne une chaise à la Rousselotte.

A l'autre bout de la pièce, Jeanne et Martine étaient très occupées à regarder Pierre qui taillait avec son couteau toutes sortes de petits objets en bois (fig. 36). Sur le coin de la table, l'infatigable ciseleur avait déjà étalé trois sifflets, une paire de sabots minuscules, et il entreprenait la fabrication d'un cheval, au grand amusement des petites filles.

Jeanne apporta une chaise à la Rousselotte. Grand'mère, tout émue d'avance de l'effet qu'allait produire son petit discours, ne savait par où commencer. La couturière n'était pas moins embarrassée.

— Eh oui! il fait bon chez soi, reprit Bernard, quand on voit ses enfants rire autour de la table et les amis serrer leurs rangs autour du feu. Ma fine, bien des richards n'en pourraient dire autant... Mais qu'avez-vous donc, Rousselotte? Vous avez l'air tout *chose*... Est-ce que vous ne seriez pas contente de Jeanne?

En disant ces derniers mots, le père Bernard avait pris sa grosse voix.

Jeanne s'était levée, presque inquiète, mais la grand'-mère lui sourit et lui fit un petit signe rassurant.

Comme il se trompait, ce brave Bernard!

— Pas contente, moi! dit la couturière. Oh! que non. Si Martine me don-nait seulement la moitié du contentement que j'ai avec Jeanne, je ferais la fière quand les voisines et moi nous causons des enfants! Je suis satis-faite, très satisfaite...

Et la Rousselotte s'ar-rêta court.

— Il y a quelque chose qui vous met l'es-prit à l'envers, répondit Bernard. Allez, allez, la voisine, depuis trente

Fig. 36. — Pierre taillait avec son couteau toutes sortes d'objets en bois.

ans et plus que je vous connais, je sais quand vous avez chez vous la pluie ou le beau temps.

— C'est vrai, père Bernard, dit en souriant la Rous-selotte, et je ne veux pas faire de cachotteries avec vous; je le voudrais que je ne le pourrais pas, car la chose vous intéresse.

Le père posa son journal et ouvrit de grands yeux.

— Eh bien! oui, là, c'est à cause de Jeanne que je viens... Vous savez, il ne faut pas que ça vous tour-mente, mais, depuis deux mois, la petite ne fait quasi-ment rien de nouveau. Ce n'est pas pour vous étonner: elle en sait autant que moi et elle a l'œil plus vif et la main plus leste. Quand je disais qu'elle était douée! Enfin la vérité, c'est que je ne peux plus rien lui apprendre et que ce serait un péché que de la laisser perdre son temps au village. Il faut l'envoyer à la ville, père Bernard.

— A la ville! s'écria le père Bernard en levant les bras...

— A la ville! répétèrent Pierre, Martine et Jeanne, avec diverses expressions de surprise, de chagrin et de joie.

— Oui, à la ville, dit gravement la vieille grand'-mère qui n'avait pas encore parlé. Cela t'ennuie, mon pauvre Antoine. Hélas! je n'en suis pas plus gaie que toi; mais il le faut. L'enfant travaille bien, — tu verras la robe de Mme Rameau, une robe que ta fille a faite seule, toute seule, et tu verras si je te mens. — Elle travaille bien, mais elle peut faire encore mieux et nous n'avons pas le droit de lui enlever les moyens d'apprendre un bon métier qui lui permettra de vivre à l'aise et de bien s'établir. Il faut nous résigner, mon pauvre ami : Pierrot, le bon Pierrot ne nous quittera pas avant deux ou trois ans, pour le service, et, d'ici là, bien des choses peuvent arriver.

Ainsi parla la grand'mère et plus longuement encore, malgré les objections du père Bernard. La Rousselotte se taisait. Pierre était devenu grave et, sur le coin de table, le cheval inachevé restait tristement avec trois pattes en l'air...

Bernard finit par se laisser convaincre.

— Mais au moins faut-il qu'elle trouve un bon atelier, dit-il. Je ne veux pas que ma sage petite fille s'en aille avec des écervelées, des coquettes et des bavardes pour nous revenir pareille à elles.

— Tu dis vrai, père, dit Pierre. J'aimerais mieux me louer comme journalier que d'envoyer ma sœur dans de semblables maisons.

— Je te remercie, mon bon Pierre, dit Jeanne les

yeux humides... Va! papa, je serai heureuse de devenir une très fine ouvrière, mais j'ai le cœur bien gros en pensant que je vais vous quitter, toi, grand'mère et mon frère et la Rousselotte et tous mes amis.

— Quand je dis que cette enfant a du cœur! murmurait la Rousselotte.

Martine avait assisté muette à cette scène. Tout à coup elle s'élança auprès de Jeanne, lui soufflant à l'oreille (fig. 37):

— Dis donc, tu m'emmèneras. Nous devions rester ensemble. *Ce n'est pas de jeu* si tu t'en vas; tu demanderas à la mère de me laisser aller avec toi.

Jeanne ne répondit pas. Elle son-

Fig. 37. — Martine s'élança auprès de Jeanne, lui soufflant à l'oreille...

geait que la pauvre couturière n'avait que sa fille au monde et elle se promettait de ne rien faire pour l'en séparer. Elle commençait à comprendre ce que de tels départs ont de déchirant.

Difficultés pour trouver un bon atelier. — Le père Bernard l'avait dit : il fallait trouver à Jeanne un bon atelier et une patronne honnête. Certes les couturières de Périgueux étaient pour la plupart de braves mères de famille ou de vieilles demoiselles dont on n'avait jamais mal parlé. Elles menaient la paisible vie des ouvrières provinciales. Mais, parmi les apprenties qui formaient le personnel des ateliers, il y avait de pauvres filles auxquelles trop souvent la surveillance maternelle avait manqué ou à peu près; il y avait des

enfants sans éducation, sans principes, et qui avaien
mieux retenu les enseignements de l'école de la rue
que les leçons de la vraie et saine école. Il y avait des
jeunes ouvrières coquettes et vaines qui ne se faisaient
point scrupule de tailler un bout de ruban dans les
ceintures de leurs clientes et de couper les dentelles
pour s'en réserver un lambeau. Le père Bernard ne
voulait pas donner à sa fille de pareilles compagnes.

Grand'mère Bernard se mit en quête. Elle chercha
longtemps sans rien trouver à sa convenance.

Cet état de choses dura jusqu'au printemps. A cette
époque, Mme Rameau, qui s'intéressait à Jeanne, ayant
fait un voyage à Périgueux, conseilla à la grand'mère de
placer l'enfant chez une demoiselle Chardon qui offrait
toutes les garanties nécessaires. Grand'mère Bernard
s'en alla donc à la ville pour proposer sa chère petite
apprentie à la maîtresse couturière. L'affaire s'arrangea.

Mlle Chardon, personne maigre et sèche, d'âge mûr

LEÇON DE CHOSES : **Dentelles**. — La dentelle est un léger tissu
à jour qui se fabrique en soie, en fil, en coton ou en laine. Les
belles dentelles sont faites à la main; les autres se font au
métier mécanique. La dentelle en fil de lin est la plus belle et
la plus chère. La *blonde* est une dentelle de soie.

Les dentelles à la main s'appellent en général des *points* ou
points à l'aiguille. Elles se font à l'aide d'une simple aiguille et
de fil de lin, sur un dessin qui est tenu à la main. Tels sont les
points d'Angleterre, de Bruges *, de Malines *, de Valenciennes *.
Il y a aussi la dentelle au *petit métier* et au *fuseau*, comme les
dentelles du Puy *. Le métier est un coussin formé d'une plan-
chette rembourrée, qui se place sur les genoux de l'ouvrière. On
pique avec des épingles un dessin tracé sur *vélin* et qui représente la dentelle ; puis, en revêtant les contours des épingles avec
des fils de diverses espèces que l'ouvrière tient au moyen de
nombreux *fuseaux*, on reproduit le dessin et la dentelle se fait
à mesure tout autour.

C'est de la Belgique que l'art des dentelles nous est venu.
Avant le xviie siècle toutes les dentelles étaient grossières et ne
servaient qu'à orner les vêtements sacerdotaux. En 1666, Colbert *
fonda à Alençon * la première manufacture de dentelles.

et de mine austère, consentit à se charger de Jeanne et à l'entretenir jusqu'au moment où elle lui donnerait un petit salaire.

Jeanne fit donc ses préparatifs de départ (fig. 38).

Jeanne fait ses préparatifs de départ. — — D'abord, elle mit ordre à son linge, car grand'mère Bernard prévoyait que là-bas sa petite-fille n'aurait guère le temps de songer à ses propres affaires. Jeanne n'alla donc plus travailler chez la Rousselotte qui, au contraire, vint chez les Bernard avec sa fille Martine pour donner un coup de main au petit trousseau.

Fig. 38. — Jeanne fait ses préparatifs de départ.

Les chemises furent visitées méticuleusement; toutes furent marquées par les soins de Martine qui excellait dans ce seul genre de travail. On en fit autant pour les pantalons et les bas; on répara les petites jupes de couleur qui furent rafraîchies, grâce à un bon faux ourlet et à une bordure solide. Jeanne se confectionna elle-même un tablier en lainage noir, avec bavette et grandes poches, fort commode pour placer l'étui, le dé, les pelotes de fil. Enfin la Rousselotte confectionna chez elle, durant ses soirées et sans que Jeanne s'en doutât, une jolie robe d'alpaga gris foncé qu'elle remit à sa

---

LEÇON DE CHOSES : **Alpaga.**—L'alpaga est un tissu de laine un peu rude et brillant, fait avec la laine de l'animal dont il porte le nom.
L'*alpaga* ou *alpaca* est un quadrupède de l'*Amérique du Sud*,

petite amie, en souvenir et en cadeau, deux jours avant son départ.

Mais, faut-il le dire? La robe faite par la Rousselotte n'avait point la grâce et la bonne façon de celle que Jeanne avait taillée et cousue pour Mme Rameau. Cependant, comme on doit le penser, Jeanne, qui fit cette remarque, la garda pour elle. Elle n'en dit rien à personne, pas même à sa grand'mère, s'accusant presque du petit sentiment d'orgueil qu'elle en éprouvait. Ce sentiment entretenait son espoir de réussir vite dans son métier et de se voir sans trop tarder une bonne ouvrière.

Le **trousseau** fini, les visites aux voisins commencèrent.

---

genre *Lama* (fig. 39), et qui est remarquable par ses poils longs et soyeux. C'est un animal très doux que l'on a pu faire vivre en domesticité sans trop de peine et que l'on a essayé d'acclimater en France.

Fig. 39. — Lama.

Le tissu d'alpaga est très convenable pour les vêtements d'été parce qu'il ne prend pas la poussière et qu'il est léger. Pour qu'il soit durable, il faut le choisir de très belle qualité; malheureusement, quelque beau qu'il soit, il se coupe et se déchire facilement. On fait, pour vêtements d'hommes, un gros alpaga, très solide, extraordinairement brillant, avec lequel on peut aussi confectionner d'excellentes robes. Il a 120 à 130 centimètres de large, mais il coûte de 5 à 10 francs le mètre.

ÉCONOMIE DOMESTIQUE : **Trousseau.** — Un trousseau se compose de tout le linge de corps et des vêtements appartenant à une même personne.

Les parents donnent un trousseau à leurs enfants quand ils les mettent en pension et à leurs filles quand ils les marient.

Le trousseau comprend le *linge de ménage* : draps de lit, taies d'oreiller, serviettes et nappes pour la table, serviettes pour la toilette, torchons, essuie-mains, tabliers, etc...; le *linge de corps* : chemises de jour et de nuit, camisoles, pantalons, bas, jupons,

Par un beau dimanche d'avril, Jeanne, parée de la
robe que lui avait donnée la Rousselotte, bien proprement chaussée et peignée, se présenta chez tous ses
amis, donnant le bras à la bonne grand'mère Bernard.
Et quand elle annonçait qu'elle venait faire ses adieux,

Fig. 40.   Les adieux de Jeanne.

car elle partait pour la ville, tous ces braves gens
s'exclamaient, ouvraient de grands yeux, de larges
bouches, levaient les bras vers le ciel (fig. 40) comme

mouchoirs, etc... Le trousseau, est plus ou moins complet suivant la fortune de chacun.

Dès qu'une jeune fille a terminé ses études et qu'elle rentre
dans sa famille, elle doit, si sa position le lui permet, demander
à sa mère l'étoffe nécessaire pour commencer son trousseau.
Elle pourra ainsi, peu à peu, confectionner du linge solide qui
lui reviendra bien moins cher, à qualité égale, que celui acheté
dans les magasins. Le principal mérite d'un trousseau est l'ex-
cellence des tissus employés. Les jeunes filles auront à se défier
des trousseaux très garnis de broderie et de dentelle, proposés
à bas prix par des magasins. Ces ornements sont toujours employés au préjudice de la qualité de l'étoffe.

pour le prendre à témoin de leur surprise à l'annonce d'une semblable nouvelle. Mais Jeanne ne se laissait pas tromper par ces témoignages d'étonnement. Elle avait remarqué que, dans un village comme Nanteuil, tout se savait en moins de temps qu'il n'en faut pour le dire. Il n'y avait donc personne, parmi tous les voisins, qui ignorât la résolution des Bernard et le départ de la petite. Mais, c'est ainsi : les paysans jugent de bon goût de ne jamais avoir l'air de savoir les choses avant qu'on les leur dise; ce en quoi ils ont presque raison, car de la sorte ils fournissent à leurs interlocuteurs l'occasion de développer leurs idées et le moyen de ne pas tout raconter s'ils ont quelque chose à cacher. Les gens de campagne sont prudents, même dans les circonstances les plus familières de leur vie.

Elle n'oublia personne, la chère enfant, ni la pauvre Fanchon et sa fille, qui gagnaient leur vie en tricotant des bas; ni Mme Rameau, à laquelle on avait révélé le talent de Jeanne, et qui ne tarit pas en éloges sur le compte de la fillette; elle alla voir Jenny, la grosse épicière, qui lui mit dans les bras un sac de sucre cassé « pour sa tisane, » disait-elle; et la mère Louisette, la marchande de poisson, et Janvier, le sacristain, pauvre être difforme, aussi bon que laid, qui promit à Jeanne d'aller la voir lorsqu'il irait à Périgueux renouveler sa provision de bougies et de veilleuses pour le maître-autel de la paroisse.

Mlle Valette. — Jeanne avait réservé pour la fin, sa visite à Mlle Valette, l'institutrice.

Mlle Valette était en train de lire dans sa salle à manger (fig. 41) lorsque Jeanne et sa grand'mère heurtèrent à la porte. Vite elle se leva et fut bien heureuse en apercevant son ancienne élève qu'elle aimait beaucoup.

— Bonjour, Jeannette, dit-elle. Comme il y a longtemps que je ne t'ai vue et comme tu as grandi!

— Bonjour, mademoiselle, dirent ensemble la grand'-
mère et la petite-fille.

— Est-ce que tu viendrais me faire tes adieux? dit
finement Mlle Valette avec un sourire malicieux; il me
semble que j'ai entendu dire que tu t'en allais à Périgueux.

Jeanne fut un peu in-
terloquée, car elle n'avait
rien dit à Mlle Valette et
elle pressentait que celle-
ci la blâmait intérieu-
rement de son silence.
Cependant, sans trop de
timidité, elle lui répondit :

— Oui, mademoiselle,
je m'en vais en effet et je
viens vous faire mes
adieux... Si je ne vous ai
pas parlé plus tôt de ce
projet, mademoiselle, c'est
que...

Fig. 41. — Mlle Valette était en train
de lire dans la salle à manger.

— Bon, bon, fit affectueusement l'institutrice, ne te
tracasse pas, et ne cherche pas d'excuse... tu n'en as
pas besoin, tu es tout excusée...

Puis quand les deux visiteuses se furent assises :

— Assurément, continua-t-elle, j'aurais préféré en
causer un peu plus longuement avec toi, mais enfin je
vais tâcher de te dire en une fois ce que je t'aurais dit
en plusieurs conversations, voilà tout.

— Oh! oui, mademoiselle, dit la grand'mère, donnez-
lui vos conseils, à cette chère petite, et pardonnez-nous
de ne pas vous les avoir demandés plus tôt.

— Oui, oui, grand'mère Bernard, dit vivement
Mlle Valette qui craignait maintenant de contrister la

pauvre vieille, il est entendu que nous avons été et que nous sommes toujours bonnes amies; aussi je parlerai à votre petite Jeanne avec autant de tendresse et de sollicitude que si j'étais sa mère.

J'ai vu de près les ateliers, moi, continua-t-elle, car ma mère était couturière et je sais ce que c'est que faire son apprentissage. Si je recommande à Jeanne d'être courageuse, résignée, vaillante et honnête, si je la supplie de ne pas se laisser rebuter par les premières difficultés, si je lui conseille de bien choisir ses amies, c'est que je sais ce qu'il en coûte d'être faible, paresseuse, légère et coquette...

Et comme la grand'mère et Jeanne regardaient Mlle Valette comme pour l'interroger, celle-ci répondit à leurs regards :

— Oh! non, pas par moi-même, je n'ai jamais été apprentie, et à seize ans, je suis entrée à l'École Normale, d'où je suis sortie institutrice. Mais j'ai eu une parente, Julie, de laquelle je ne puis parler sans rougir, qui, après avoir débuté comme apprentie chez ma mère, est partie, a quitté l'aiguille, est allée je ne sais où. Qu'est-elle devenue! Une de ses anciennes amies, honnête et vertueuse, celle-là, l'a rencontrée plus tard à Bordeaux *. Julie portait de beaux habits et avait une mine effrontée. En apercevant sa compagne d'autrefois elle a détourné les yeux, a baissé la tête et a pris un autre chemin, car le vice fuit toujours les regards de la vertu.

Ah! quelle douleur elle nous a causée, cette malheureuse enfant!

Mlle Valette avait les larmes aux yeux en prononçant ces paroles.

— Sa pauvre mère est morte de chagrin quand elle a appris tous ces détails; et cette malheureuse fille traîne à présent dans son cœur le remords d'avoir causé la mort de sa mère et d'avoir fait la honte de tous les siens. Ma chère petite Jeanne, rappelle-toi bien ce conseil de ton institutrice : aime le travail. Julie n'aimait pas le travail, vois-tu, c'est la paresse qui l'a conduite là. Le travail nous distrait de nos ennuis, il fait passer le temps bien plus vite, il abrège l'apprentissage, il nous met en état de vivre par nous-même sans être à charge à personne ; il nous permet de donner un peu de bien-être à ceux que nous aimons ou d'augmenter celui qu'ils ont déjà. Aime le travail et tu resteras honnête. On n'a pas envie de mal faire quand on n'en a pas le temps. Maintenant, laisse-moi te dire que si tu étais venue plus tôt, j'aurais pu t'aider à trouver un bon atelier où tu aurais été fort bien tenue et très bien formée dans ton état. C'est pour cela seulement que je te fais un léger reproche de ton silence, car je ne veux pas parler *d'autre chose*..... J'ai entendu dire que Mlle Chardon a le caractère un peu difficile, tout en étant une demoiselle fort respectable. J'espère, ma chère Jeannette, que tu seras patiente et bonne comme il convient de l'être à ton âge envers une personne telle qu'elle est.

Jeanne était très émue. L'observation de Mlle Valette l'avait touchée au cœur ; car elle n'était point ingrate, et c'était par étourderie seulement qu'elle avait depuis quelque temps négligé sa bonne institutrice. Ce fut avec beaucoup d'émotion qu'elle l'embrassa et la remercia de ses bons conseils. Elle la quitta en lui faisant la promesse de lui écrire. Cependant Mlle Valette avait dit deux mots que Jeanne ne pouvait oublier : « *autre chose* », elle ne voulait pas « *parler d'autre chose* ». N'était-ce pas le sentiment de reconnaissance qui lie toujours une bonne élève à sa maîtresse, cet « *autre chose* », dont Mlle Valette n'avait pas voulu parler ?... Oui, oui, c'était bien cela. La reconnaissance, le respect,

4.

la déférence faisaient un devoir à Jeanne d'aller confier à Mlle Valette son désir d'aller à la ville ; oui, elle aurait dû prendre son avis, lui demander conseil... décidément elle avait mal fait... son cœur le lui disait. Et tout bas, au fond d'elle-même, Jeanne se promit de réparer sa faute par les témoignages d'affection qu'elle donnerait désormais à la bonne institutrice.

CHAPITRE VI

JEANNE A PÉRIGUEUX

Une jolie ville. — L'atelier de Mlle Chardon.

Fig. 42. — Périgueux.

— La petite ville de **Périgueux** (fig. 42) est un des plus jolis chefs-lieux de la France. Elle est coquettement

---

Description : **Périgueux**. — Périgueux (26,000 habitants) est bâtie sur les bords de l'Isle, entourée par de belles collines dont la verdure cache des châteaux, des maisons de plaisance qui laissent voir de loin leur blanche silhouette. Jeanne n'y était venue qu'une fois, alors qu'elle était petite, et ne se souvenait guère de l'avoir vue.

Aussi, quand la voiture qui la conduisait atteignit l'endroit qu'on appelle, à Périgueux, la *Côte de Paris*, et qu'elle aperçut dans le fond d'une belle vallée la jolie ville avec ses boulevards, ses bouquets d'arbres, son église monumentale, à clochetons, vrai bijou de

---

le chef-lieu du département de la Dordogne. C'est une des plus jolies petites villes de province, à cause de sa situation et de la disposition de ses places et boulevards.

Elle est bâtie sur l'*Isle*, dans une charmante vallée, entourée de collines de moyenne hauteur, très verdoyantes et du plus gracieux effet.

A l'époque où cette ville tomba au pouvoir des Romains, elle se nommait *Vesunna* (Vésone) et elle était la cité des *Petrocorii*, d'où son nom actuel.

Périgueux est le centre d'un important marché de truffes*, de pâtés de foie gras truffés, de porcs et de châtaignes.

Dans cette ville sont élevées les statues de *Fénelon* (archevêque de Cambrai*, et précepteur du duc de Bourgogne, petit-fils de Louis XIV), de *Montaigne* (illustre philosophe du XVIe siècle, auteur des *Es-*

Fig. 43. — Daumesnil.

sais), de *Bugeaud* (maréchal de France sous Louis-Philippe, célèbre par ses campagnes en Algérie) et de *Daumesnil* (fig. 43), illustre général qui refusa de livrer aux alliés le fort de Vincennes * en 1814. On l'a surnommé le *brave à la jambe de bois*.

l'art byzantin, ses collines aux noms pittoresques, sou-

Leçon de choses : **Architecture byzantine.** — La manière de bâtir qu'avaient adoptée les Turcs et les Grecs de Constantinople a reçu le nom d'architecture **byzantine** (de *Byzance*, vieux nom de Constantinople).

L'édifice le plus remarquable de ce genre est la grande cathédrale de *Sainte-Sophie*, à Constantinople, qui fut élevée en 532, par l'empereur Justinien, et qui fut enlevée au culte chrétien en 1453, lorsque les Turcs s'emparèrent de cette ville.

Dans nos pays, ce qui distingue les églises de ce style, c'est

Fig. 44. — Cathédrale Saint-Marc, à Venise.

qu'à l'extérieur ils sont très lourds, avec des murailles hautes et nues et qu'à l'intérieur ils sont admirables par leurs nobles proportions et leur ampleur. Au centre, se trouve toujours une *nef* immense ; généralement l'ensemble de l'édifice a la forme d'une croix latine. Extérieurement on voit des clochers arrondis et des clochetons surmontant de vastes coupoles dont les toitures de pierre sont découpées comme des écailles.

L'église de *Saint-Front*, de Périgueux, bâtie par les moines de l'abbaye de Saint-Front, vers le xiie siècle sans doute, est une reproduction presque parfaite de *Saint-Marc de Venise* (fig. 44), l'un des rares spécimens de ce genre.

venirs de la **domination romaine**, elle fut à la fois ravie
et troublée. Ravie de voir de si belles choses et si nouvelles, troublée, car elle pressentait déjà la solitude de
cœur qui l'attendait là.

Leçon de choses : **Domination romaine**. — Les Romains
commencèrent à s'introduire dans la Gaule vers 125 av. J.-C.
Grâce à *César*, leur domination s'étendit sur tout le territoire et
ils y restèrent jusqu'à ce que *les Barbares** vinssent les en chasser

Fig. 45. — Tour de Vésone (près de Périgueux).

peu à peu. Ce fut *Clovis* qui les battit en dernier lieu à Soissons,
en 486.

Les Romains ont été surtout très puissants dans le midi de
la Gaule, qui conserva leurs coutumes, leur langage, et jusqu'au
type de leur physionomie ; car les Gaulois du midi s'étaient facilement alliés aux conquérants et formèrent une race appelée
gallo-romaine.

Les Romains ont laissé un peu partout sur notre sol des
traces de leur domination : ce sont des tours, des murailles,
des routes, des temples qui portent encore leur nom (fig. 45).
C'est ainsi que, près de Périgueux, on trouve la tour de *Vésone*,
les *Arènes*, le *Camp de César*, de nombreuses routes et chaus-
sées construites autrefois par les Romains.

Ce fut bien pis quand elle vit l'endroit où elle allait vivre désormais.

Mlle **Irma Chardon** habitait la rue Saint-Silain, l'une des plus tristes de la petite ville. Son appartement se composait d'un atelier éclairé par deux larges fenêtres, très grand, très propre; d'une chambre à coucher un peu semblable à la cellule d'une religieuse, tant il y avait de simplicité, d'une petite salle à manger où l'on avait transporté une sorte de lit-canapé destiné à la nouvelle apprentie, et d'une petite cuisine obscure. Tout cela était d'une rigoureuse propreté, mais d'une propreté froide et sévère qui glaçait, qui empêchait tout élan joyeux.

Fig. 46. — Mlle Chardon.

Mlle Chardon avait un visage austère, une tenue irréprochable (fig. 46). Sa robe noire, son col et ses manchettes de toile d'un blanc éclatant lui donnaient un grand air de dignité que le son de sa voix, toujours cérémonieuse, augmentait encore.

Elle reçut Jeanne sans empressement, sans aucun témoignage d'amitié, de telle sorte que la pauvre fillette se sentit le cœur bien gros au souvenir de tout ce qu'elle avait laissé à Nanteuil de doux, de tendre, de pénétrant.

Le plancher était ciré ici, il y avait aux fenêtres de grands rideaux de mousseline blanche inconnus au village, mais quelle préférence elle se sentait en ce moment pour le grossier pavé de sa cuisine de cam

Fig. 47. — La présentation eut lieu, Jeanne fut introduite dans l'atelier

pagne et pour les vitres claires des fenêtres à travers

lesquelles on apercevait le ciel tout bleu, et les champs, et les arbres, et le vaste horizon.

Puis la présentation eut lieu. Jeanne fut introduite dans l'atelier (fig. 47) où se trouvaient trois jeunes filles : deux ouvrières et une apprentie de seize ans.

— Marthe Dubois, Marie Chevalier, Joséphine Godon... vos futures compagnes, dit Mlle Chardon.

Marthe Dubois était une jeune fille souffreteuse et courbée. Elle eût été jolie, mais son teint pâle et ses yeux rouges lui donnaient l'air d'une fleur fanée et jaunie avant le temps. Son sourire plut à Jeanne. Marie Chevalier était une brune de dix-neuf ans, mince et vive; ses yeux modestement baissés sous le regard de Mlle Chardon brillaient de malice contenue. La troisième de ces demoiselles, Joséphine, était aussi de la grande famille des espiègles. Elle riait de tout, d'un mot, d'un geste, d'un faux pli dans une robe, d'une mouche sur la table et surtout des *sermons* de la patronne qui l'ennuyait par le récit des désastres financiers qu'elle prétendait avoir éprouvés.

Quand Mlle Chardon eut « rompu la glace », comme elle disait, elle pria Marthe de donner de l'ouvrage à la nouvelle venue et partit pour raconter à sa sœur Élodie, une vieille demoiselle, ancienne institutrice, l'arrivée de sa nouvelle apprentie.

L'apprentie ménagère et ses premiers travaux. — Allons! Allons, petite! Debout et à l'ouvrage!

C'est la voix de Mlle Chardon qui, à l'aube, vient éveiller la petite Jeanne. Et pendant que celle-ci, les yeux brouillés par le sommeil, se chausse maladroitement, Mlle Chardon continue :

— Vite, il faut faire le ménage, allumer le feu, préparer mon chocolat.

Jeanne s'habille sans dire mot. Elle n'avait pas pensé

qu'elle aurait le ménage à faire... et cela lui cause
une bien désagréable surprise. Mais c'est ainsi très
souvent dans les villes de province. L'apprentie est la
bonne à tout faire. C'est lorsque le ménage est fini
qu'elle se met à tirer l'aiguille et à apprendre son
métier.

Jeanne dissimula sa contrariété. Après tout, n'était-ce
pas elle qui avait voulu
être couturière? Elle
n'avait de reproches à
faire à personne. Elle
serait courageuse et ne
se plaindrait pas. Elle
fait son lit, et, devant
le petit miroir suspendu
à la fenêtre, elle peigne
ses cheveux, ses jolis
cheveux que grand'mère
aimait tant à natter
chaque matin. Chère
grand'mère! Elle est le-
vée depuis longtemps!

Fig. 48. — Jeanne prépare le chocolat.

La soupe est prête, le père et le frère vont se mettre à
la manger, puis ils iront aux champs, pendant que
grand'mère, faisant seule le ménage, regardera tristement le lit vide de la fillette... Jeanne sent ses yeux
se mouiller...

— Allons, allons, du courage! se dit-elle. Et chassant
les pensées qui pourraient l'attendrir et l'empêcher de
remplir sa tâche, elle se met à l'œuvre.

Le ménage est bientôt fait. Le feu est allumé; Jeanne
y place le lait destiné au **chocolat** et se met à en râper
une tablette (fig. 48). Pendant ce temps, hélas! le lait

ÉCONOMIE DOMESTIQUE : **Chocolat**. — Le chocolat est fabriqué

chauffe trop vite, déborde, et patatras! le voilà dans le feu.

Pauvre Jeannette! Vite, elle va chercher d'autre lait avec les sous que grand'mère a glissés dans sa poche. Tant bien que mal elle répare le petit malheur, en fait disparaître les traces et apporte quelques instants après à Mlle Chardon, déjà mécontente, une tasse de délicieux chocolat que celle-ci déclare parfait.

Puis les ouvrières arrivent, Marthe la première; Joséphine et Marie la suivent bientôt. Ces deux espiègles arrivent toujours ensemble. Jeanne les entend rire dans l'escalier.

Mlle Chardon fronce les sourcils d'un air terrible que le bonjour respectueux de Marie ne parvient pas à dissiper.

Les trois jeunes filles firent bon accueil à Jeanne.

---

avec les graines d'un arbre d'Amérique, le *cacaoyer* ou *cacaotier*. Ces graines étant broyées donnent une farine nourrissante qui, mêlée à du sucre et de l'eau, forme une pâte épaisse. Celle-ci est placée dans des moules ayant la forme de tablettes; quand elle est refroidie et durcie, on la retire de ces moules, on l'enveloppe dans un papier métallique pour qu'elle conserve ses qualités et on la vend dans le commerce sous le nom de *chocolat*.

Le chocolat de bonne qualité à une cassure unie et brillante, il n'épaissit pas vite quand on le fait cuire dans du lait ou de l'eau. Il faut se défier du chocolat qui a un aspect poreux ou blanchâtre et qui prend la consistance de la colle lorsqu'on le fait cuire. Il est sûrement falsifié avec de la farine ou de la fécule.

Le *chocolat de santé* est exclusivement composé de cacao et de sucre. Le chocolat de luxe est aromatisé avec de la vanille. En Espagne, tout le chocolat est parfumé à la cannelle, ce qui, dit-on, le rend plus digestif.

Pour bien faire cuire le chocolat, on le met d'abord dissoudre dans une très petite quantité d'eau ou de lait, et, quand il a pris la consistance d'un liquide très épais, on l'éclaircit peu à peu avec le reste du lait. Mais il ne faut jamais le mettre d'abord dans tout le lait dont on veut se servir. Si le chocolat est de qualité médiocre, on fera bien d'y ajouter un peu de sucre.

Aujourd'hui, on prépare des chocolats à très bon marché, mais il n'est guère possible d'en avoir de bon à moins de 5 francs le kilogramme.

Elles s'assirent autour de la grande table et la maîtresse
distribua à chacune le travail de la journée (fig. 49).
Elle donna à Jeanne l'ennuyeuse et monotone tâche de
défaire les points d'un ourlet manqué... — Il faut à
une commençante quelque chose de facile, disait
Mlle Chardon.

Jeanne pensait :

— Je puis mieux faire que cela. Pourquoi me
traite-t-on comme
une petite fille qui
tient une aiguille
pour la première
fois ?...

A onze heures
et demie, la cou-
turière posa son
ouvrage.

— Jeanne, dit-
elle, vous allez
mettre le couvert,

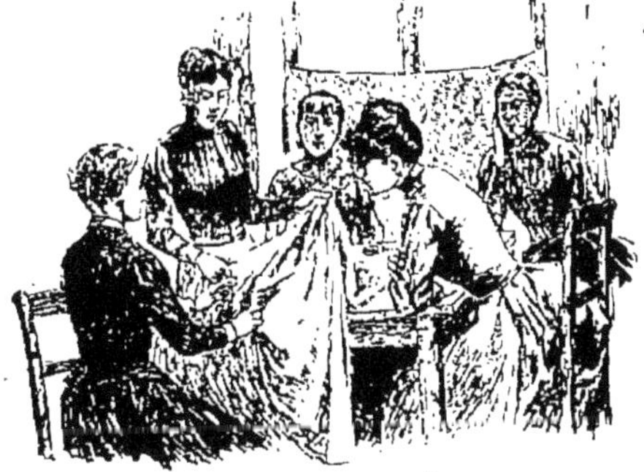

Fig. 49. — La maîtresse distribua à chacune
le travail de la journée.

pendant ce temps, Marie fera les commissions et Marthe
s'occupera de la cuisine. Joséphine restera près de moi.

— C'est bien amusant de rester près d'elle ! grom-
mela tout bas Joséphine... Elle est toujours mécontente !
Elle gronde sans cesse !

Et, pendant que Mlle Chardon lui tournait le dos,
l'ouvrière lui tira irrévérencieusement la langue, ce qui
fit rire tout bas l'espiègle Marie.

Ces manières surprirent Jeanne au dernier point.
Elle n'avait rien vu de pareil à l'école. Elle-même n'eût
jamais osé manquer de respect à sa patronne, si désagréable qu'elle pût être. Elle savait qu'on doit le respect
à toute personne âgée, surtout quand celle-ci est parfaitement honnête.

Dans les leçons de morale qu'elle avait reçues à

l'école, on lui avait souvent répété qu'une enfant, dont le cœur est vraiment droit et généreux, est au contraire pleine d'attentions et de déférence pour les personnes destinées à l'instruire. Si Mlle Chardon avait de petits ridicules, eh bien! elle feindrait de ne point les voir, elle n'en parlerait jamais et surtout elle ne lui manquerait jamais de respect. Son père avait bien raison de dire qu'il est rare de rencontrer un atelier où toutes les jeunes filles sont comme il faut. Comme elle allait avoir besoin de veiller sur elle!

Ainsi pensait cette sage petite Jeanne.

Une compagne d'infortune. — Pendant le déjeuner, Jeanne apprit toutes sortes de choses intéressantes sur la vie qu'elle mènerait désormais. Elle sut que Mlle Chardon n'étant pas assez riche pour avoir une servante, ce serait elle qui, pendant son apprentissage, remplirait l'office de domestique. Elle serait, en outre, chargée de veiller aux besoins du perroquet

---

Leçon de choses : **Perroquet.** — Le perroquet (fig. 50) est un oiseau originaire d'Amérique, qui appartient à l'ordre des *grimpeurs*.

Son plumage est de couleur éclatante, varié de bleu, rouge, jaune, vert; parfois aussi il est d'une seule nuance. Son bec est gros, court et crochu, sa langue épaisse et cornée, sa voix criarde, mais on peut lui apprendre à imiter toutes les voix et tous les sons. Ses pieds courts et forts sont armés d'ongles crochus.

Les perroquets sauvages vivent en troupes dans les forêts et se nourrissent surtout de fruits. A l'état domestique, ils mangent un peu de tout. Le persil et les amandes amères sont pour eux des poisons.

Les perroquets sont intelligents, susceptibles d'attachement. Ils ont beaucoup

Fig. 50. — Perroquet.

de mémoire et gardent longtemps rancune du mal qu'on leur a fait.

Les *cacatoès*, les *aras*, les *perruches* sont des espèces du genre perroquet. Ces espèces diffèrent par leur grosseur et la couleur de leur plumage.

Arthur, de promener le chien Azor et de faire à Mlle Chardon, dont la vue s'affaiblissait, la lecture quotidienne du journal.

Le reste de l'après-midi se passa comme la matinée. Vers cinq heures, la patronne sortit pour aller chez une cliente essayer une robe de bal qui devait être prête le soir même. Elle emmena donc avec elle Joséphine et Marie pour faire sur place les retouches nécessaires. Jeanne se trouva seule avec Marthe Dubois.

Le jour déclinait lentement. Jeanne se reposait un instant, le front appuyé aux vitres (fig. 51), regardant les fenêtres voisines s'éclairer l'une après l'autre. De rares passants tournaient l'angle de la rue ; les enfants revenaient du collège par groupes de deux ou trois, et, sur le ciel pâle, la cathédrale élevait ses élégants clochetons.

Fig. 51. — Jeanne se reposait un instant, le front appuyé aux vitres.

Jeanne pensait à la beauté du soir dans les champs, au calme de l'horizon, aux troupeaux tranquilles qui reviennent en longues files vers les fermes, attirés par l'odeur de l'étable.

C'était l'heure où la lampe s'allume, où l'on se retrouve après le travail, l'heure des joies intimes où l'on cause, les coudes sur la table, devant la soupe fumante.

Elle revoyait la nappe mise, les assiettes à fleurs, l'honnête figure du père Bernard, le bonnet blanc de grand'mère, le gai visage de son frère, et une grande tristesse l'envahissait.

— Faut pas penser comme cela, dit une voix près d'elle. Vous avez du chagrin, pauvre Jeanne. Vous vous dites que la maison est loin et que Mlle Chardon n'est pas toujours de bonne humeur... Courage, ma mie. Je connais cela. Je suis aussi de la campagne.

Jeanne se retourna et vit Marthe auprès d'elle.

— Vous êtes de la campagne, Marthe ?

— Eh ! oui. Je suis de Mazillac. C'est mon oncle qui m'a fait venir à la ville après la mort de mes parents, voilà six ans bientôt. J'avais treize ans alors et j'étais forte et fraîche comme vous. Mais je me suis tant ennuyée ici, toute seule, que je suis devenue comme une vieille.

— Toute seule? dit Jeanne dont la sympathie s'éveillait déjà.

— Toute seule. Je suis bien avec Marie et avec Joséphine, mais je leur ressemble si peu ! Elles disent que je suis sournoise parce que je suis triste. La patronne non plus ne m'aime guère.

— Je vous aimerai, moi, si vous voulez, ma chère Marthe, dit Jeanne en tendant ses deux mains à la jeune fille.

— Si je le veux! s'écria celle-ci. Je vous aime déjà, moi. Quel bonheur d'avoir une amie!

Jeanne embrassa l'ouvrière qui souriait.

— Et maintenant, dit Marthe, occupons-nous du dîner. Il faut veiller ce soir, et si la soupe n'est pas prête à l'heure, gare aux gronderies de Mlle Chardon !

Jeanne a encore beaucoup à apprendre. — Vers la fin du mois de juin, à l'époque où commence la morte-saison pour les couturières, l'atelier de Mlle Chardon s'emplit de belles étoffes, de riches garnitures, de volants découpés et festonnés, de pièces de rubans et de **velours** dont la provision semblait inépuisable. On travaillait pour Mlle de Laverdière qui, trois semaines après, allait se marier.

Jeanne n'avait jusqu'alors cousu que des étoffes simples, des tissus sur lesquels elle était exercée depuis longtemps. Maintenant c'était bien une autre affaire.

A son grand étonnement et à sa confusion, elle s'aperçut qu'elle ignorait bien des choses en couture. Elle ne savait pas choisir l'aiguille qu'il lui fallait pour

---

Leçon de choses : **Velours**. — Le velours est un tissu ainsi appelé parce qu'un de ses côtés est *velu*, c'est-à-dire qu'il a des poils plus ou moins longs. Le velours est fabriqué avec deux chaînes, l'une appelée *chaîne de pièce* forme le corps de l'étoffe, l'autre nommée *poil*, forme le velouté.

Il y a des velours *pleins*, c'est-à-dire à longs poils, tout unis, sans dessins d'aucune sorte ; des velours *figurés, ciselés, frappés*, qui représentent des rayures ou des dessins ; *épinglés*, formés de raies fines et rapprochées ; *brochés*, avec des dessins de soie ou de satin, etc... Le velours se fait en soie, en coton, en laine. Le premier est le plus beau ; le second est solide, mais n'a pas de jolis reflets ; le dernier est surtout employé pour les meubles. Le velours d'Utrecht * est le plus connu des velours d'ameublement ; il est à longs poils, façonné et généralement jaune.

Un vêtement ou un objet quelconque en velours qui aurait été mouillé accidentellement ne doit jamais être essuyé avec un linge ou brossé. On le laisse sécher à l'air, puis on bat le velours avec une vergette.

Les taches grasses sur le velours sont presque toujours *indélébiles* *.

Leçon de choses : **Aiguilles**. — Les aiguilles à coudre sont fabriquées avec du *fil d'acier*. Pour qu'elles soient bonnes, l'acier doit être de première qualité. Ce fil ayant été *tréfilé* ou dégrossi, on le coupe par petits brins d'égale longueur. Ensuite l'un des bouts est *palmé*, c'est-à-dire aplati pour former la tête. Le trou ou *chas* est percé sur l'enclume, à l'aide d'un poinçon. L'aiguille est ensuite *empointée*, c'est-à-dire qu'on en forme la pointe en faisant tourner une des extrémités sur une pierre d'*émeri*. L'aiguille subit encore bien d'autres préparations, ce ne sont là que les cinq principales. On compte qu'elle a dû passer entre les mains de plus de vingt ouvriers avant d'être telle que nous l'avons dans nos étuis.

On reconnaît qu'une aiguille est de bonne qualité quand elle ne se tord pas, quand le *chas* est si bien formé qu'il ne coupe

telle ou telle étoffe, la prenant trop longue ou trop courte, trop grosse ou trop fine. Si on l'envoyait acheter du fil, de la soie, du **cordonnet**, elle ne connaissait pas les numéros et employait trop de temps à échanger et à rechanger ce qu'elle avait acheté.

Ce fut la bonne petite Marthe qui, elle aussi, ayant passé par là, se chargea de son éducation. Elle lui apprit à choisir les aiguilles, à reconnaître la finesse de l'acier, la solidité de la pointe.

— J'ai entendu dire, disait Jeanne, qu'il faut toujours acheter des aiguilles anglaises parce qu'elles sont les meilleures.

— Autrefois, répondait Marthe, il en était ainsi, mais

---

pas le fil, lorsqu'elle est parfaitement droite et que la pointe est exactement en face de la tête.

On emploie les aiguilles courtes pour les ourlets et les piqûres, car elles rendent le travail plus rapide et les points plus réguliers. Les aiguilles longues servent à faire des reprises ou pour doubler et ouater les vêtements. Elles servent aussi dans le métier de modiste, quand il s'agit d'attacher des ornements sur une forme de chapeau qu'on risquerait de froisser en la tenant de trop près.

Leçon de choses : **Soie à coudre, cordonnet**. — La soie à coudre est désignée généralement sous le nom de *cordonnet* parce qu'elle est très très tordue et rappelle ainsi la disposition d'un cordonnet ou petite corde. On emploie la soie plutôt que le fil pour les fins ouvrages de couture, et aussi toutes les fois qu'on veut coudre des étoffes de fil ou de coton.

La soie anglaise est employée principalement pour les boutonnières et les piqûres; la soie *floche* (peu tordue) pour les reprises, les ourlets, les coutures.

Pour les objets faits au crochet, bourses, blagues, sacs, etc..., on emploie le *cordonnet de Berlin* ', gros et très tordu. vendu en bobines. Pour la tapisserie, on se sert de *soie d'Alger* ', à peine tordue, très floche, et qui remplit parfaitement les trous du canevas.

Il y a économie à acheter au poids la soie à coudre et le cordonnet. La soie floche est vendue par écheveaux.

La soie à coudre dont on fait provision doit être enfermée avec soin à l'abri du contact de l'air qui la dessèche et la rend cassante.

aujourd'hui nous avons en France de très bonnes aiguilles et Mlle Chardon nous recommande même de choisir des aiguilles françaises de préférence à tout autres.

— Pourquoi? dit Jeanne.

— Parce que mademoiselle dit que les femmes ont trop peu souvent l'occasion de prouver leur patriotisme pour n'en pas saisir toutes les occasions.

— Si toutes les femmes pensaient ainsi, ajoutait Joséphine, l'aînée des ouvrières, on ne verrait pas tant de commerçants et de fabricants faire de mauvaises affaires. Mon oncle de Limoges *, qui est marchand de nouveautés, disait l'autre jour que les **lainages** anglais dont les hommes ont la rage de s'habiller, finiraient par ruiner nos commerces d'Elbeuf, de Louviers et de Sedan.

— Mais, objecta timidement Jeanne, qui avait peur de se tromper, nous avons au moins nos belles soieries françaises que personne ne nous volera.

— Ça, dit Marthe, c'est vrai. Et comment le savez-vous, Jeanne?

— Je l'ai appris à l'école dans mon livre de lecture. Je me souviens même que l'on y racontait comment se

---

Leçon de choses : **Lainages.** — Sous le nom de lainages, on désigne tous les tissus de laine, légers ou épais, unis ou de plusieurs nuances. Cependant, dans les magasins de nouveautés, les tissus de *drap, flanelle* et *molleton,* forment une division spéciale qu'on appelle *draperie.*

La France et l'Angleterre sont aujourd'hui en grande rivalité pour la fabrication des lainages. Chez nous, se font les élégants lainages de fantaisie, aux dessins multiples et tous de bon goût. Les *Anglais* fabriquent plus spécialemen les grosses et solides étoffes unies, mélangées de deux ou trois tons, ou à carreaux. En *Allemagne* *, surtout en *Saxe* * et en *Silésie* *, se fabriquent des lainages bon marché. Nos étoffes françaises sont, à qualité égale, plus chères que les étoffes anglaises ou allemandes, mais notre fabrication est beaucoup plus soignée. L'élévation des salaires en France est une des causes pour lesquelles il sera longtemps difficile de fabriquer dans notre pays des tissus aussi bon marché qu'à l'étranger.

5.

fabriquaient ces belles étoffes de soie, que l'on appelle velours, moire ou satin, suivant le genre de fabrication ; mais je n'en avais jamais vu avant de venir ici.

— Oui, dit Joséphine, Jacquard, qui a inventé le métier à tisser, a trouvé, par cela même, le moyen de les fabriquer belles et pas trop chères. Il a fait joliment du bien au commerce !

C'est ainsi qu'en l'absence de Mlle Chardon, et grâce à la raisonnable petite Marthe, les conversations de l'atelier étaient pour Jeanne l'occasion d'apprendre beaucoup de choses.

L'ouvrage étant abondant et très pressé, Mlle Chardon se hasarda à confier à Jeanne quelques travaux qu'auparavant elle n'eût pas osé lui donner à faire. La fillette apprit à tailler des corsages de diverses formes, à faire des coutures invisibles dans le velours, à varier la garniture du bas des manches, etc., etc.

Et, dans le fond de son cœur, elle bénissait Mlle de Laverdière qui avait eu la bonne idée de faire faire par Mlle Chardon tant de robes et de manteaux.

C'est ainsi que notre petite héroïne se perfectionnait dans son métier pour lequel elle prenait de jour en jour plus de goût.

De temps en temps, le dimanche, Mlle Élodie, qui avait pris la fillette en affection, venait la chercher. Elle la conduisait sur les boulevards, le long des belles promenades plantées d'arbres, ou hors ville, sur quelque route ombragée. C'étaient là de bonnes heures pour Jeanne. Elle apprenait toujours du nouveau dans la société de la vieille demoiselle qui tantôt lui parlait des grands hommes du pays, **Fénelon**, **Montaigne**, **Bugeaud**,

---

BIOGRAPHIE : **Fénelon.** — Fénelon (fig. 52), né au château de Salignac, en Périgord, en 1651, est plus célèbre encore par sa vertu et sa douceur que par son titre d'archevêque de Cam-

dont elle voyait les statues, tantôt des industries de la localité, tantôt des devoirs qu'une jeune fille a à remplir et des espérances qui lui sont permises.

Mais ce que Jeanne en rapportait de meilleur, c'était une bonne provision de courage, car n'est-ce pas? il n'est rien au monde qui rende courageux comme de se sentir aimé et soutenu.

---

brai. Il fut choisi par le roi Louis XIV pour faire l'éducation du duc de Bourgogne, fils du grand Dauphin et petit-fils du roi. C'est pour lui qu'il écrivit ses *Fables* et les *Aventures de Télémaque*. Le duc de Bourgogne, qui était d'un caractère violent et emporté, devint, sous la direction de Fénelon, le plus doux et le plus paisible des hommes.

Avant d'être chargé de cette mission, Fénelon avait écrit le

Fig. 52. — Fénelon.

Fig. 53. — Montaigne.

beau traité sur l'*Éducation des Filles*, ouvrage qui, aujourd'hui encore, est considéré comme une des œuvres les plus remarquables qui aient été écrites sur ce sujet. Il mourut en 1715.

Biographie: **Montaigne.** —Michel de Montaigne, (fig. 53) naquit en 1533, au château de Montaigne, en Périgord. Entouré de précepteurs* et de gens qui parlaient le latin couramment, cette langue lui devint assez familière pour qu'il pût lui aussi s'en servir pour parler et écrire. C'est ce qui donne une tournure particulière à ce qu'il écrivit en français. Il est célèbre par son ouvrage philosophique ayant pour titre les *Essais*. Il est non moins célèbre par la grande amitié qui le lia avec *La Boétie*, qu'il con-

Dévouement de Jeanne. — Un certain dimanche soir, au retour d'une de ces bonnes promenades, à laquelle Mlle Irma n'avait pas voulu prendre part, se sentant souffrante, Jeanne trouva sa patronne bien fatiguée. Elle avait la tête lourde, les jambes brisées, les mains brûlantes.

Le lendemain, elle fut obligée de garder le lit.

Dans l'atelier, Marie s'amusa franchement ce jour-là, ne craignant pas de voir apparaître la robe noire et l'austère visage de la vieille demoiselle. La douce Marthe essayait de calmer la petite folle en lui faisant comprendre l'inconvenance de sa conduite. Joséphine elle-même, peu scrupuleuse d'ordinaire, gronda Marie et travailla

---

nut à Bordeaux lorsqu'il fut appelé au Parlement de cette ville à titre de conseiller. Montaigne mourut en 1592.

Biographie : **Bugeaud**. — Le maréchal Bugeaud (fig. 54), duc d'Isly, était né à Limoges en 1784, d'une famille originaire du Périgord ; c'est pourquoi le département de la Dordogne le considère comme un de ses illustres enfants.

Fig. 54. — Le maréchal Bugeaud.

Entré au service en 1804, comme simple soldat, il parvint par sa seule valeur aux grades les plus élevés. Son plus grand titre de gloire est la *conquête de l'Algérie*, dans laquelle il s'illustra, tant par son courage que par son habileté. Le premier, il comprit que pour lutter avec succès contre des nomades *, il faut se faire nomade comme eux. Il ne laissa donc aucun repos aux Arabes, les poursuivit sans cesse, les empêchant de camper, de semer, de récolter. La grande *bataille de l'Isly*, gagnée sur eux en 1844, lui valut le titre de duc. Il devint plus tard député de la Dordogne * et mourut en 1849. Il avait pris pour devise : *Ense et aratro*, c'est-à-dire : *Par l'épée et la charrue*. Ces mots résument le but et les efforts de sa vie, car il était aussi bon agriculteur qu'excellent soldat.

mieux. Mais rien n'apaisait la joie bruyante de celle-ci qui finit par sortir, sous prétexte d'aller chercher de la doublure et qui ne rentra pas de toute l'après-midi.

Pendant ce temps, la pauvre demoiselle souffrait beaucoup dans son lit.

A son chevet, s'était installée Jeanne (fig. 55) qui la soignait de son mieux. Dans sa fièvre, Mlle Irma voulait se découvrir, jetait ses bras hors du lit. Tout doucement, Jeanne ramenait les couvertures et l'obligeait à rester calme.

— J'ai soif! disait à chaque instant Mlle Chardon.

Fig. 55. — Jeanne installée au chevet de Mlle Irma.

Alors Jeanne lui apportait de la tisane tiède qu'elle conservait au coin du feu. Elle marchait sur la pointe

---

Hygiène : **Fièvre**. — La fièvre peut être une maladie, comme dans les *fièvres intermittentes* *, ou le *symptôme d'une maladie*. C'est même le plus souvent ainsi qu'elle se présente.

La présence de la fièvre est reconnue à l'accélération du pouls, le mal de tête, les nausées *, une chaleur brûlante, parfois précédée d'un frisson. Dès qu'une personne est dans cet état, elle doit se tenir au lit ou dans sa chambre, boire des tisanes chaudes et ne s'exposer à aucun changement de température, car c'est ainsi que débutent les plus bénignes comme les plus graves maladies. Du reste, dès que la fièvre se manifeste d'une façon un peu vive, il ne faut pas retarder d'appeler le médecin qui reconnaîtra la maladie et pourra en arrêter le développement.

Contre les *fièvres intermittentes*, qui se renouvellent à des jours ou à des moments réguliers, on emploie la *quinine* *. Mais ce médicament n'étant délivré par le pharmacien que d'après une ordonnance du médecin, c'est celui-ci qu'il faut consulter tout d'abord.

des pieds pour la laisser reposer, remplissant son rôle de garde-malade comme si elle n'eût fait autre chose de sa vie.

La nuit se passa comme la journée s'était passée. Jeanne avait transporté son lit dans la chambre de la vieille demoiselle, et cette nuit-là, la fillette ne ferma guère les yeux.

Dès le matin, elle alla chercher le médecin que Mlle Élodie envoyait prévenir.

Il arriva rapidement et à peine eut-il examiné Mlle Chardon qu'il fronça le sourcil. Mais, réprimant aussitôt ce mouvement qui trahissait sa pensée, il dit d'un ton enjoué :

— Allons, chère demoiselle, cela n'est rien, et dans quelques jours il n'y paraîtra plus. Mais vous avez besoin de beaucoup de soins et de repos. Qui donc va vous veiller ? car ce sera un peu long et il vous faut une garde-malade robuste.

Mlle Élodie allait répondre qu'elle ne connaissait per-

Hygiène : **Garde-malade**. — On appelle garde-malade la personne qui garde, soigne et veille un malade.

La nécessité de bien comprendre les ordonnances d'un médecin pour les suivre ponctuellement a déterminé l'*Assistance publique de Paris* à créer un personnel spécial de gardes-malades. Pour cela elle a ouvert dans les principaux hôpitaux de Paris des écoles d'infirmiers et d'infirmières. Certains médecins ont installé aussi chez eux des cours gratuits de ce genre et l'*Union des Femmes de France* donne des leçons gratuites aux personnes qui veulent connaître les soins à donner aux blessés.

Outre le personnel laïque, formé par ces cours, on trouve aussi des ordres religieux qui se destinent spécialement aux soins des malades.

Une bonne garde-malade ne doit pas être vieille ; elle doit avoir bonne santé, savoir lire. Elle doit savoir poser des sangsues, préparer toutes sortes de tisanes, faire des cataplasmes, des sinapismes, bien faire un lit, etc... être douce, paisible, silencieuse et assez intelligente pour reconnaître les moindres symptômes qui caractériseraient le mieux ou l'aggravation dans l'état du malade.

sonne, et qu'elle ferait chercher, quand une voix s'éleva :

— Moi, monsieur le docteur, si mademoiselle le permet, disait Jeanne.

— Vous? fit M. Dubreuil, le médecin. Mais vous êtes trop jeune et trop délicate pour cela. Et puis... et puis cela ne vaut rien pour les fillettes de votre âge de se fatiguer ainsi, dit-il brusquement.

Puis, ayant écrit son ordonnance, il quitta la chambre.

Jeanne suivit le médecin.

Elle avait bien envie de lui parler, la chère petite. On voyait qu'elle avait quelque chose à lui dire et qu'elle n'osait pas. M. Dubreuil la tira de son embarras en lui adressant la parole le premier :

— Ma petite demoiselle, dit-il, votre place n'est pas dans la chambre de Mlle Irma, qui est menacée de la variole. Ne le dites à personne. Or, vous le savez, la variole est une maladie contagieuse. Laissez à d'autres le soin de la veiller, et, si vous le pouvez, retournez

---

Hygiène : **Variole.** — La variole consiste en une fièvre éruptive, très contagieuse et dont le résultat peut être mortel. Il n'y a de préservatif certain contre elle que la *vaccine*, aussi doit-on faire vacciner les enfants dès leur naissance.

La *variole* est précédée d'un malaise pénible, douleurs dans les reins, nausées, lassitude, un peu de fièvre; puis des boutons apparaissent sur tout le corps; ces boutons suppurent ensuite, puis ils se dessèchent et la croûte qui les recouvre tombe et est remplacée par une pellicule qui tombe, elle aussi, un peu plus tard.

Le traitement de la variole est très simple, car rien ne peut entraver le cours de la maladie. On empêche seulement qu'elle se complique. Pour cela, le malade doit boire des tisanes chaudes, être tenu au lit, mais ne doit pas être accablé sous des couvertures et des édredons, ni tenu dans une chambre hermétiquement fermée. Les rideaux seront largement ouverts, l'*air sera souvent renouvelé*, soit par les fenêtres, s'il fait chaud, soit par la porte d'une pièce voisine, s'il fait très froid. *La propreté* est aussi nécessaire au malade que le bon air; il ne faut donc pas hésiter à le changer de linge aussi souvent que possible.

chez vous pour quelque temps, le plus tôt sera le mieux (fig. 56).

Les yeux de Jeanne s'emplirent de larmes.

— Oh! monsieur, dit-elle, c'est vous qui me conseillez de quitter mademoiselle en un pareil moment? Qui aurait-elle? qui la soignerait si je m'en allais? Mlle Élodie est trop âgée maintenant pour se faire

Fig. 56. — M. Dubreuil, le médecin,
conseille Jeanne...

garde-malade, et il n'y aurait que des mercenaires pour la veiller. Non, je dois rester là et j'y resterai.

— Mais, ma petite, on peut en mourir de la variole!

— Laissez, laissez, monsieur le docteur, fit Jeanne avec un charmant entêtement, je ne mourrai point si ce n'est pas mon heure et peut-être empêcherai-je par mes soins cette pauvre demoiselle de s'en aller.

— Mais, sans en mourir, on peut avoir la maladie et par suite être affreusement défiguré.

— Bah! fit Jeanne avec l'insouciance de son âge, si j'ai la maladie et que je reste laide, ceux qui ne voudront pas me voir tourneront la tête de l'autre côté quand je passerai, voilà tout. Mlle Chardon est bonne pour moi; je suis chez elle, j'y ai déjà appris beaucoup de choses. Je lui prouverai ainsi que j'ai bon cœur, cela me fera plaisir.

— Allons ! fit le médecin en soupirant, comme vous voudrez ; mais cela est bien imprudent.

La variole. — Trois jours après, Mlle Irma était couverte de ces gros boutons qui caractérisent la maladie. Son visage et ses mains étaient horriblement rouges et gonflés. Ses yeux surtout étaient très pris, elle n'y voyait presque pas, et, comme elle souffrait beaucoup, elle ne s'inquiétait guère de savoir qui lui donnait ses tisanes, qui la bordait dans son lit, qui la veillait sans cesse.

Tous les jours, pendant qu'elle était assoupie, Mlle Élodie qui, elle aussi, ne la quittait guère, ouvrait les fenêtres et laissait pendant quelques instants la chambre s'aérer. La première fois que Jeanne s'en aperçut, elle s'écria :

— Ah ! mademoiselle, que faites-vous ! C'est si dangereux de faire prendre l'air aux malades !

— Non, Jeanne, ce n'est pas dangereux, bien au contraire. La propreté et l'air pur, voilà deux éléments de guérison qu'il ne faut pas oublier. Ils servent de fondements à l'hygiène. Ma pauvre sœur risquerait bien davantage, si nous la tenions cachée sous ses rideaux et ses couvertures.

— Mais, mademoiselle, chez nous, lorsqu'on est malade, on s'enferme au contraire, et l'on dit que l'air pourrait tuer un varioleux.

— Assurément, il faut en user avec précaution et modérément, dit Mlle Élodie ; mais la forte chaleur et le manque d'air sont tout ce qu'il y a de plus dangereux en ce cas. Ils occasionnent des congestions * graves soit au cerveau, soit au poumon ; et il arrive que des personnes qui se sont guéries de la variole, meurent des suites de cette maladie, c'est-à-dire d'une autre maladie que la négligence ou l'ignorance leur a fait contracter.

Cependant l'état de M^llᵉ Irma ne s'aggrava pas. La variole suivit son cours ordinaire. Elle fut même assez bénigne et douze jours après s'être alitée, M^llᵉ Chardon entrait en convalescence.

Sa sœur et le docteur Dubreuil lui racontèrent alors avec quel dévouement elle avait été soignée par Jeanne, tout ce qu'elle devait à cette enfant et, pour la première fois depuis bien des années, la sèche M^llᵉ Irma sentit des larmes mouiller ses paupières. Elle comprit le dévouement de Jeanne, apprécia à sa juste valeur la conduite de cette enfant qui, au mépris de sa beauté, de sa vie même, s'était faite la douce et compatissante garde-malade d'une étrangère, d'une femme qui ne lui était nullement parente. De ce jour-là, elle voua à Jeanne une amitié réelle que cimentait la reconnaissance qu'elle avait envers la jeune fille.

Dieu permit que Jeanne ne fût point malade à son tour. Elle se sentit pendant quelque temps très fatiguée par les jours et les nuits passés debout. Mais sa belle santé n'en fut point altérée. Quant à son caractère, à sa raison, à son jugement, ils se fortifiaient de plus en plus dans ce double apprentissage de l'existence et du métier.

CHAPITRE VII

REGARDS EN ARRIÈRE
LE PATRIOTISME DES FEMMES

Jeanne pense à sa famille. — On le voit, l'existence de Jeanne commençait à s'accidenter. Elle ne se doutait pas, en quittant Nanteuil de tout ce qu'elle apprendrait à la ville. Elle savait bien qu'elle y allait pour s'y perfectionner dans l'art de la couture, mais elle n'avait aucun soupçon des idées qu'elle y pourrait acquérir sur tant d'autres choses.

Maintenant que Mlle Irma était tout à fait rétablie, l'atelier avait repris sa physionomie accoutumée. Mlle Chardon elle-même, semblait ne l'avoir pas quitté d'une minute. Elle était la même pour toutes ses ouvrières. Cependant on distinguait dans sa voix quelque chose de plus doux et de plus affectueux quand elle parlait à Jeanne. Elle la gardait davantage auprès d'elle, veillait à ce qu'elle ne se fatiguât pas trop, enfin avait pour elle quelques attentions, chose inconnue jusqu'alors dans l'atelier.

Fig. 57. — Jeanne compte sur ses doigts pour s'assurer de l'âge de son frère.

Le soir, Jeanne, avant de s'endormir, repassait volontiers dans sa mémoire les menus faits de sa vie depuis le jour où elle avait quitté l'école. Elle se voyait cousant son petit sarrau auprès de la fenêtre ouverte; elle revoyait grand'mère lui apprenant à coudre, la bonne Rousselotte et les interminables corsages et tabliers, Martine, et son excellente institutrice, Mlle Valette, si instruite et si expérimentée.

Mais c'était surtout à son père qu'elle songeait avec attendrissement. Pauvre père! si bon, si préoccupé de son avenir! Ah! il a eu du chagrin en se séparant de sa fille... mais il le fallait... et il s'est résigné.

Et puis, bientôt ce sera le tour de Pierre de s'en

aller, le service militaire va l'appeler, et, quel que soit son numéro de tirage, il en aura pour trois ans, maintenant que le service militaire est égal pour tous.

Mais, oui, ce sera bientôt. Et Jeanne compte sur ses doigts pour s'assurer exactement de l'âge de son frère (fig. 57).

— Je vais avoir quinze ans. Pierre a cinq ans de plus que moi, par conséquent... Ah! mon Dieu!... Eh! oui! ce sera bientôt, le mois prochain, peut-être, car c'est à ce moment de l'année qu'on appelle les conscrits.

Et la pauvre petite Jeanne dans son étroite couchette, s'endort avec des larmes plein les yeux, à la pensée que Pierre quittera son père, et sa grand'mère, et le village pour être soldat.

Pierre est soldat. — Jeanne avait calculé juste. Pierre ne tarda pas à tirer au sort, et un matin Jeanne reçut une longue lettre de Nanteuil lui annonçant le résultat. A peine l'eut-elle lue qu'elle se mit à pleurer.

— Oh! mon pauvre Pierre! disait-elle.

— Qu'y a-t-il? demanda Mˡˡᵉ Élodie, qui, par hasard, se trouvait là. Serait-il arrivé malheur à votre frère, Jeannette (fig. 58)?

— Pauvre Pierre! répétait Jeanne. Il a tiré au sort, mademoiselle, et bientôt il sera soldat. Pendant trois ans, il sera absent. Grand'mère est désolée, et mon père redoute pour Pierre les rigueurs du service.

— Je suis sûre que votre frère n'est pas aussi triste que vous, lui?

— Oh! non, mademoiselle. C'est lui qui m'écrit, et il m'annonce très bravement la chose. Il dit qu'après tout il est bien capable de faire ce que tous ses camarades ont fait. Il est fier de son nouvel état et rêve déjà un grade élevé.

— Oui, dit Mlle Élodie en souriant, le bâton de maréchal que tout soldat français a dans sa giberne *.

— C'est égal, mademoiselle, continua Jeanne en s'animant, croyez-vous que tous ces jeunes gens que l'État enferme dans des casernes pendant de longues années n'emploieraient pas mieux leur temps à cultiver leur petit bien ou à se perfectionner dans le métier qu'ils ont choisi? Mon père n'a pas été soldat. Ses parents lui ont acheté un remplaçant et, au lieu de faire l'exercice comme une machine, il a gagné de quoi se bâtir une maison... C'était bien mieux de son temps, il me semble.

Fig. 58. — Serait-il arrivé malheur à votre frère, Jeannette?

— Comment, Jeanne, dit Mlle Élodie avec son fin sourire, vous avez en mainte occasion montré beaucoup de jugement, et, lorsque votre frère paye sa dette à la France, vous vous révoltez contre une loi qui est aussi juste que nécessaire?

— Juste, juste!... fit Jeanne. On voit bien que ceux qui ont fait les lois sont des hommes, car jamais les femmes n'auraient imaginé cela.

Une armée est nécessaire. — Mlle Élodie continua :

— Sans doute, les hommes politiques qui font les lois ont pitié des sœurs et des mères qu'ils désolent en leur prenant leurs frères ou leurs fils, mais qu'arriverait-il si, pour épargner cette douleur aux familles, on laissait la France sans armée, sans forteresses, sans défense, exposée aux convoitises * de l'ennemi ?

— Je sais bien qu'il faut des soldats pour défendre l'État, répondit Jeanne en soupirant, mais je ne vois pas la nécessité de les garder si longtemps quand il n'y a pas de guerre.

— Eh ! sait-on jamais quand elle éclatera, la guerre ? et ne faut-il pas être toujours prêt ? Ni un soldat ni une couturière ne se font en un jour, ma petite Jeanne, et il serait insensé d'attendre d'avoir du travail pour apprendre son métier.

— Que d'argent coûte tout cela ! objecta Jeanne.

Leçon de choses : **Forteresse**. — On désigne sous le nom de forteresse (fig. 59), toute construction, ville ou bâtisse spéciale, installée de manière à protéger le pays contre une armée ennemie ou à entraver sa marche victorieuse.

Fig. 59. — Un fort.

Autrefois, les forteresses encombraient le pays un peu partout, sans méthode. Elles se composaient d'épaisses et hautes murailles derrière lesquelles s'abritait une ville ou une armée. Aujourd'hui, par suite des progrès de l'artillerie *, on a modifié ce système et les fortifications des villes ou des pays sont très peu élevées au-dessus du sol. Le *fort* (fig. 59) est un ouvrage de fortification isolé qui renferme un corps de garde, des munitions, des magasins d'armes, etc... Les *citadelles* sont des forts qui dépendent d'une place forte. Les *forts détachés* sont ceux qui sont placés de distance en distance pour défendre les abords d'une grande ville. Les *forts de campagne, fortins, blockhaus*, sont des ouvrages en terre ou en bois, rapidement faits, destinés à protéger une armée en marche.

— Cet argent n'est point perdu, dit Mlle Élodie. Il aide l'État à conserver sa richesse, puisque l'armée défend les intérêts du pays. Vous parliez des remplaçants, mais, ma petite Jeanne, réfléchissez donc à ce que cette institution avait d'injuste, puisqu'elle favorisait les plus riches aux dépens des plus pauvres. Cette inégalité choquante, reste de l'ancien régime, a disparu, Dieu merci ! Allons, Jeanne, ne vous chagrinez pas. Votre frère paraît prendre vaillamment son parti et se résigner de bonne grâce à son nouvel état. Sa santé, au lieu de s'affaiblir par l'exercice et les fatigues, s'affermira peu à peu ; il nous reviendra plus robuste et plus dispos.

— Oui, dit Jeanne, en soupirant bien fort, si la guerre n'éclate pas... Mais nous avons tant peur de la guerre, nous, les femmes !

— Tout le monde en a peur, ma chère enfant, croyez-le. Mais elle est, sinon nécessaire, tout au moins inévitable, et peut-être pensera-t-on ainsi pendant

---

HISTOIRE : **Ancien régime.** — L'ancien régime, c'est la manière de gouverner que l'on avait en France avant 1789.

Sous l'ancien régime, le roi était à la tête de la nation, maître absolu, aidé dans son gouvernement par un ou plusieurs ministres. Les individus étaient partagés en trois classes : la *noblesse*, le *clergé* et le *tiers état* ou *bourgeoisie*. Au-dessous et ne comptant pour ainsi dire pas dans la nation, étaient l'ouvrier, l'artisan, le paysan, qui constituaient le *peuple*.

Les droits féodaux étaient payés surtout par ces derniers, impôts de toutes sortes, corvées, etc... Dans l'armée, ils ne pouvaient parvenir aux grades élevés, qui étaient réservés à la noblesse, et les *fonctions libérales* leur étaient interdites. La noblesse était donc privilégiée à leurs dépens. Le droit d'aînesse existait ; il y avait même des règlements relatifs au costume, les bourgeois et les gens du peuple n'ayant pas le droit de se vêtir comme les nobles.

Tous ces privilèges et bien d'autres encore furent abolis dans l'immortelle séance du 4 août 1789, où la noblesse et le clergé renoncèrent à cette inégalité choquante. Dès lors, le *nouveau régime* commençait, mais il ne fut vraiment établi qu'en 1791, lorsque fut promulguée la Constitution.

de longues années encore. Plus tard, il faut bien l'espérer, les nations trouveront pour vider leurs querelles d'autres moyens que cet usage barbare.

— Ah! Mademoiselle, qu'est-ce que cela peut nous faire que les États soient oui ou non d'accord? Les femmes ne s'occupent pas de politique. Pourvu qu'elles gardent leurs maris et leurs frères, c'est tout ce qu'il leur faut.

— C'est le tort qu'elles ont, ma petite Jeanne, de ne pas y penser un peu à cette affreuse politique... mais de loin, de très loin; car si elles étaient un peu plus au courant de toutes ces choses, elles comprendraient mieux, à l'occasion, l'impérieuse obligation de faire la guerre et, devant cette nécessité, elles seraient plus résignées, plus courageuses, meilleures patriotes, en un mot.

— Moi, mademoiselle, je n'ai jamais compris comment les femmes pouvaient se montrer patriotes. Il m'a toujours semblé que le patriotisme était réservé aux hommes.

— Ma petite Jeanne, quand une sœur voit son frère tomber au sort, et que, tout en étant triste, elle sait se résigner sans maudire son pays, elle est patriote; lorsque, en temps de guerre, une femme anime par son courage, par ses paroles, par ses exemples, les hommes de sa famille, elle est patriote; lorsque, étant mère de famille, elle apprend à ses enfants à aimer leur patrie, elle est patriote. Si elle sent très vivement le bien et le mal que l'on fait à sa patrie, si elle s'intéresse à tout ce qui l'intéresse, si elle contribue à son bien-être par son travail, à sa réputation par sa bonne conduite, elle est patriote, toujours patriote.

— Ah! mademoiselle, s'écria Jeanne, je vous remercie. Je croyais que pour prouver l'amour que l'on avait pour la patrie il fallait faire quelque action d'éclat ou s'illustrer comme les femmes célèbres, Jeanne d'Arc (fig. 60), Jeanne Hachette, dont j'ai appris l'histoire.

BIOGRAPHIE : **Jeanne d'Arc.** — Jeanne d'Arc (fig. 60) est la grande héroïne de la *Guerre de Cent Ans*. Née en 1409, à Domrémy, en Lorraine, elle crut, à l'âge de 18 ans, entendre des voix célestes qui lui commandaient d'aller délivrer la France des Anglais. Malgré de grandes difficultés, elle réussit à arriver jusqu'au roi Charles VII, dont elle releva le courage et qu'elle fit sacrer à *Reims* en 1429. Elle délivra *Orléans* du joug des Anglais, remporta la bataille de *Patay* et voulut ensuite se retirer, car, disait-elle, le roi ayant été sacré, sa mission était terminée. On la retint malgré elle ;

FIG. 60. — Statue de Jeanne d'Arc.

elle échoua devant Paris, et fut faite *prisonnière à Compiègne.* Conduite à Rouen, elle fut traduite devant un tribunal qui la condamna comme sorcière * et hérétique * à être brûlée vive. Elle mourut ainsi le 30 mai 1431.

BIOGRAPHIE : **Jeanne Hachette.** — Jeanne Hachette défendit la ville de *Beauvais* assiégée en 1472 par *Charles le Téméraire.*

Maintenant que je comprends mieux le rôle des femmes, je crois que je serai s'il le faut une bonne patriote. Et cependant, mon pauvre Pierre.....

Et les yeux de la fillette se remplirent de larmes qu'elle eut l'énergie de refouler.

CHAPITRE VIII

LA CONCURRENCE COMMERCIALE

Une nouvelle couturière. — Vers la fin du mois de mai, une grande nouvelle se répandit dans l'atelier de Mlle Chardon. Une couturière de Bergerac, fort habile, disait-on, venait s'installer à Périgueux. Elle avait loué sur la place Francheville un petit pavillon dont elle avait transformé le rez-de-chaussée en magasin (fig. 61). Elle mettait en étalage toutes sortes de belles étoffes de printemps et d'été, des passementeries, des dentelles et jusqu'à des chapeaux assortis aux robes toutes confectionnées qu'elle disposait sur des mannequins, qu'elle dressait derrière les larges vitres de la devanture. Des affiches collées un peu partout annonçaient que Mme Julian demandait « une apprentie, deux ouvrières pour corsages et une demoiselle pour la

---

On ne sait pas très exactement son histoire. Les uns disent qu'elle s'appelait *Fouquet* ou *Fourquet*, d'autres *Lainé*. Le surnom de *Hachette* lui fut donné à cause de la petite hache dont elle était armée pendant ce siège mémorable.

Pour honorer la vaillance que Jeanne témoigna à cette occasion, le roi Louis XI ordonna que, dans la procession célébrée chaque année au jour anniversaire de la levée du siège, les femmes précéderaient les hommes.

Quelques historiens ont nié l'existence de Jeanne Hachette, en disant que dans ses *Mémoires*, le célèbre historien *Philippe de Commines* ne parle pas d'elle.

vente ». Les journaux de la localité étaient pleins de ses réclames. Bref, son arrivée faisait une véritable révolution dans tout le chef-lieu.

Le soir même du jour où la boutique s'était ouverte pour la première fois, Mlle Élodie était accourue chez sa sœur.

— Eh bien ! ma chère, dit-elle en entrant, c'était vrai, j'ai vu l'é- talage de Mme Ju- lian ; c'est magni- fique.

— Magnifique ! fit Mlle Irma, d'un air pincé, c'est beaucoup dire.

— Ce n'est pas trop dire, reprit Mlle Élodie.

Et elle énuméra

Fig. 61. — Le magasin de Mme Julian.

les merveilles de l'étalage.

— Enfin, conclut Mlle Irma après avoir écouté sa sœur, tout cela ne prouve pas d'avance qu'elle fera ses affaires ici. Elle se lance beaucoup, cette Mme Julian, et cela est dangereux quand on n'a point de clientèle assurée et solide.

— Oui, mais tout cela la fera venir, la clientèle, dit Mlle Élodie d'un ton sentencieux. Et la clientèle de la nouvelle venue sera faite avec celle des anciennes comme toi, ma pauvre Irma ; voilà ce qu'il y a à craindre.

— Mes clientes sont fidèles, dit fièrement Mlle Irma, et elles ne me quitteront pas pour si peu. J'en suis sûre.

— Et moi, reprit sa sœur en devenant très rouge, je n'en suis pas si sûre que ça... Tiens, je ne voulais pas te le dire, mais je préfère cependant t'avertir. Ma chère Irma, aujourd'hui même j'ai vu, de mes yeux vu,

Mme Geoffrin, la femme du président du tribunal, entrer dans cette boutique. Je l'ai vue examiner les dentelles, les étoffes et entamer une longue conversation avec Mme Julian.

Mlle Irma était consternée. Quoi! sa plus ancienne et sa meilleure cliente la trahissait!... A qui se fier, mon Dieu!

Le commerce autrefois et aujourd'hui. — Oui, poursuivit Mlle Élodie, tu te trompes, ma sœur, quand tu crois qu'il suffit d'être habile, consciencieuse, soigneuse, pour réussir. Cela suffisait autrefois. Mais les choses ont bien changé, et, si l'on ne veut pas être écrasé par le siècle où l'on vit, il faut marcher avec lui. On ne fait plus le commerce comme autrefois dans de petites boutiques

Fig. 62. — Une boutique d'autrefois.

obscures et basses (fig. 62) où l'on vendait cependant de belles et solides étoffes. Les couturières n'habitent plus des chambres étroites, des logements simplement meublés; elles s'installent avec luxe, parce que les dames qui les font travailler veulent pouvoir venir chez elles, y essayer leurs vêtements, y séjourner même quelques instants si cela leur fait plaisir. Aujourd'hui tout le monde sait que tu habites dans la rue Saint-Silain; mais demain on t'aura oubliée, car la rue est obscure, étroite, personne n'y passe pour s'y promener;

tu n'as point d'enseigne, tu ne fais pas mettre ton nom dans les journaux; tu n'annonces point que tu reçois directement de Paris les nouveaux modèles. Tout cela te portera tort, car la plupart des femmes sont inconstantes et légères et se laissent prendre à l'attrait de la nouveauté plus qu'à la raison et au bon sens. Voilà pourquoi, ma chère Irma, tu dois t'attendre à toutes sortes d'ennuis et de mécomptes.

— Enfin, dit tout à coup Mlle Irma avec emportement, cela ne devrait pas être permis. Non, il ne devrait pas être permis de venir tenter les femmes par de semblables moyens et de faire une concurrence * aussi déloyale aux bonnes et honnêtes ouvrières comme nous.

— Je te demande bien pardon, ma chère, répondit Mlle Élodie, mais cela est permis et on ne peut l'empêcher. La liberté du travail * est précisément une des causes de la fortune du pays parce qu'elle est une cause d'émulation. Sous l'ancien régime, quand il y avait encore des **corporations** avec leurs obligations et leurs privilèges *, ne pouvait pas être tailleur, cordonnier, potier qui voulait. Il fallait depuis longtemps avoir fait l'appren-

---

SCIENCE SOCIALE : **Corporations**. — La corporation était la réunion de plusieurs individus du même métier, organisés de façon à défendre leurs intérêts réciproques et à faire valoir leurs mêmes droits.

Les corporations d'arts et de métiers sont très anciennes. Elles remontent aux Romains et elles ont subsisté en France jusqu'en 1794.

Cette institution rendit d'abord des services, puis elle devint tyrannique, gêna la liberté du travail et du commerce. Ainsi pour qu'un ouvrier fût dit *maître* dans son métier, c'est-à-dire pour qu'il eût le droit de l'exercer pleinement, avec des ouvriers sous sa direction, il fallait qu'il eût fait un *apprentissage* de cinq ans ; au bout de ce temps, il devenait *compagnon* et ne pouvait devenir *maître* que cinq ans plus tard, après avoir produit un *chef-d'œuvre*, c'est-à-dire un ouvrage difficile, exécuté par lui seul. — On ne pouvait quitter un métier pour un autre, et un commerçant n'avait pas le droit de vendre de tout. Par exemple

tissage d'un métier pour devenir maître ; et même, quelquefois, on achetait cette dernière charge fort chèrement.

— Je ne sais pas dire autant de belles choses que toi, fit Mlle Irma, mais je t'assure que je ne suis pas convaincue. Et toi, petite ? fit-elle en s'adressant à Jeanne qui, sous la lampe, défaisait point à point un vieux corsage à réparer.

La jeune fille rougit, car il était rare que Mlle Irma l'interrogeât pour la faire se mêler à la conversation. Cependant elle répondit avec douceur :

— Je vous demande pardon, mademoiselle, mais je pense moi aussi comme Mlle Élodie. Il me semble que chacun doit avoir le droit de travailler à sa manière et d'employer les meilleurs moyens pour réussir, quand ils ne sont pas opposés à la loi. A l'école, j'ai appris que les corporations d'autrefois encourageaient la routine * et qu'après leur suppression, à la Révolution *, je crois, les ouvriers et les marchands firent faire de grands progrès au commerce et à l'industrie.

— Voilà qui est sagement parlé, Jeannette, dit Mlle Élodie. Oui certainement, ma pauvre Irma, il faut te résigner, et, pour faire face à cette nouvelle concurrence, il faut faire mieux que jamais.

— Et je vous assure que toutes nous vous aiderons, mademoiselle, dit Jeanne, encouragée par le bon accueil fait à ses paroles.

Mlle Irma n'était point bien tendre. Cependant la spontanéité * de ce sentiment la toucha et elle sourit à Jeanne en disant :

— Merci, petite. Je sais bien que tu as bon cœur.

---

les merciers ne vendaient pas la passementerie et les passementiers n'auraient pu vendre du fil.

Les corporations étaient administrées par des *Jurés* dont la charge s'appelait *Jurande*. Ils veillaient au maintien des règlements et des privilèges de a corporation.

CHAPITRE IX

LE CHAT N'EST PLUS LA, LES SOURIS DANSENT

Nécessité de la discrétion. — Quelques jours après cette conversation, les quatre ouvrières assises autour de la grande table, travaillaient en babillant (fig. 63). Mlle Irma était sortie : « Quand le chat n'est

Fig. 63. — Les quatre ouvrières travaillaient en babillant.

pas là, les souris dansent » dit le proverbe; et le proverbe dit vrai. Les quatre jeunes filles mettaient à profit l'absence de leur patronne et causaient un peu à tort et à travers.

Quoi! Jeanne aussi?

Mais oui, Jeanne aussi. On a beau être sage et raisonnable, on n'en a pas moins quinze ans et un fond de gaîté inépuisable. Jeanne faisait donc sa partie dans ce concert de rires et de joyeuses réparties qui n'étaient pas toujours exempts de malice.

Tout à coup, Marie interrompit l'entretien qui roulait sur les petits incidents de chaque jour.

— Ce matin, dit-elle, en venant à l'atelier, j'ai rencontré Élise Dupont; vous connaissez bien Élise Dupont, l'ancienne apprentie que Mlle Chardon a renvoyée l'an dernier, je ne sais sous quel prétexte ?

— Mlle Chardon a bien fait, dit Marthe, Élise s'est fort mal conduite envers elle. Jamais je n'ai aimé cette jeune fille qui disait sans cesse du mal de sa patronne, de ses camarades, de ses voisins. Sais-tu bien, Marie, qu'elle a porté grand tort à mademoiselle en la dénigrant près de ses clientes?

Marie haussa les épaules :

— Tu exagères tout, ma chère Marthe; Élise est très vive et très gaie. Elle causait avec ces dames et chacune en profitait pour l'interroger. Elise répondait franchement.

« — Ma petite, disait l'une, qu'est-ce que vous faites en ce moment ?

« — Nous faisons une robe pour Mme Z.

« — Ah! et comment la faites-vous, cette robe?

« — Comme ci et comme ça, répondait Élise.

Marthe sourit :

— Assurément, dit-elle, Élise était très complaisante, trop complaisante. Sa franchise devenait facilement de l'indiscrétion. Les clientes n'aiment pas beaucoup qu'on dise à leurs amies l'étoffe, la façon et même le prix de leurs toilettes. Élise accompagnait de réflexions piquantes les détails qu'elle donnait inconsidérément. Les dames se racontaient ensuite les unes aux autres ce qu'elles avaient entendu dire et Mlle Char-

don supportait les conséquences de leur mécontentement.

— Tu es bien sévère.

— Je suis juste.

Marie essaya de rire, mais on sentait bien qu'elle ne
riait pas de bon cœur.

— Enfin, reprit-elle, ce n'est pas d'Élise elle-même
qu'il est question, mais de sa nouvelle patronne.

La délicatesse conserve la probité. — Élise
est placée? s'écria Joséphine.

— Chez Mᵐᵉ Julian, répondit Marie, et bien placée,
je vous assure. Son salaire est presque le double du
nôtre; elle travaille sept heures par jour et le reste du
temps elle aide sa patronne à ranger le magasin,
à expédier les costumes achevés, à mettre la correspondance au courant. Mᵐᵉ Julian est très généreuse et
pas du tout sévère : elle ne se préoccupe pas si les
apprenties sortent quelques minutes avant l'heure ou
arrivent un peu en retard. Elle laisse traîner des bouts
de ruban et des morceaux d'étoffe qu'elle oublie de
ramasser. Élise m'a montré un chapeau qu'elle a garni
entièrement avec les débris qu'elle a pris au magasin.
Il y a un nœud de velours superbe... C'est un profit
net pour les ouvrières.

— Mᵐᵉ Julian ferait mieux d'utiliser ces rubans et
ces étoffes dans son magasin, dit Jeanne. Elle doit
faire des pertes considérables. Cette dame est donc
bien négligente!... En tout cas, les apprenties ont
grand tort de s'approprier ainsi, sans autorisation, des
objets qui ne leur appartiennent pas et qui peuvent
avoir quelque utilité.

— Voyez-vous cette prêcheuse! dit Marie aigrement.

— Chacun a sa façon de comprendre la délicatesse,
dit Jeanne dont les yeux brillaient de fierté généreuse;
mais à la place d'Élise je n'agirais pas comme elle...

ni toi non plus, Marie, car au fond, tu sens bien qu'elle fait mal.

— Si j'étais à la place d'Élise, — et j'y voudrais bien être, — je profiterais des avantages de la situation. Ah! c'est maintenant que je regrette de m'être engagée chez Mlle Chardon! Mme Julian a besoin d'ouvrières. Certainement elle m'aurait prise, comme Élise Dupont, et je serais bien nourrie, bien vêtue et bien payée à cette heure.

Les trois jeunes filles ne répondirent pas. Elles laissèrent Marie se lamenter sur son malheur prétendu, ne voulant pas entamer une discussion qui eût dégénéré en querelle, mais toutes trois étaient du même avis : Quand on manque de délicatesse on est bien près de manquer de probité.

CHAPITRE X

PIERRE AU SÉNÉGAL

Le Sénégal. —Pendant que ces choses se passaient, Pierre quittait le pays, et, après avoir dit adieu à tous les siens, allait à Rochefort rejoindre son régiment; car il était classé dans l'infanterie de marine (fig. 64).

On reçut peu après au village une lettre de lui,

Leçon de choses : **Infanterie de marine**. — L'infanterie de marine est un corps de soldats qui fait le service des garnisons, des ports militaires et des colonies.

Les soldats d'infanterie de marine ne restent que trois ans dans ces pays, car ils ne pourraient supporter plus longtemps sans danger le climat de ces régions parfois inhospitalières.

Leur armement, leur uniforme, leur équipement sont à peu près les mêmes que ceux de l'infanterie de ligne.

annonçant qu'il était envoyé au Sénégal. Puis deux
mois se passèrent sans qu'on eût de ses nouvelles. Enfin
Jeanne reçut un matin la lettre suivante :

Saint-Louis (Sénégal).

Ma chère petite sœur,

Depuis que je vous ai laissés tous j'ai vu bien du pays ! Je
n'avais, comme tu le sais, jamais quitté Nanteuil, et pour
une première fois, j'ai fait
un fameux voyage. Il aurait
pu être plus gai, par exemple, car j'ai été malade tout
le temps, non d'une grave
maladie, mais de cet in-
supportable mal de mer
dont tu as entendu parler
sans doute. J'ai été pris par
des étourdissements et le
mal au cœur dès que nous
avons pris la mer, et pendant les dix jours qu'a duré
la traversée, je n'ai pas eu
une minute de repos.

Depuis que je suis là, je
vais assez bien, mais il va
me falloir maintenant m'habituer au climat, ce qui n'est
pas une petite affaire. Je
suis heureusement arrivé à
la bonne saison, c'est-à-dire
en hiver, car nous n'avons

Fig. 64. — Soldat d'infanterie de
marine (tenue coloniale).

que 27 à 32 degrés à l'ombre. Il en sera ainsi jusqu'au mois
de décembre prochain, mais, à partir de cette époque, ce

Leçon de choses : **Sénégal**. — Le Sénégal est une colonie fran-
çaise située à l'ouest de l'Afrique, arrosée par un fleuve, le
Sénégal, qui lui donne son nom.
Cette colonie nous appartient depuis le xvii⁰ siècle. Le climat

sera bien autre chose, car nous aurons, paraît-il, jusqu'à 42 degrés à l'ombre. Heureusement que les nuits seront fraîches et que nous pourrons pendant ce temps respirer un peu.

Ah! ma chère sœur, que j'en vois aujourd'hui de ces nègres qui jadis nous faisaient peur quand, par extraordinaire, il en passait quelques-uns chez nous! Tu te souviens peut-être de ce saltimbanque qui traversa Nanteuil il y a cinq ou six ans. C'était un grand diable, maigre, noir, avec de grosses lèvres, des dents blanches et de gros yeux qu'il roulait férocement. Il avalait des sabres, montrait des perroquets et des singes savants et on le soupçonnait de vivre quelque peu de rapines. Ici, toute la population est noire comme lui; mais tous les hommes ne se ressemblent pas, car il y a des noirs de plusieurs races. Le saltimbanque de Nanteuil devait être un Bambaras, de ceux qu'un des plus grands colonisateurs du Sénégal, le général Faidherbe, appelait les

---

est pénible aux Européens à cause de son extrême chaleur et des fièvres et des maladies qu'elle engendre. Cependant, *on a*

Fig. 65. — Saint-Louis (Place du Gouvernement).

exagère l'insalubrité de ce pays qui n'est point inhabitable, si on prend des précautions hygiéniques.

La prospérité de cette colonie est due surtout au *généra Faidherbe* qui a occupé les deux rives du Sénégal et fondé l'établissement de *Podor*.

Auvergnats du Sénégal, à cause de leurs habitudes industrieuses, leur ténacité au travail et leur sobriété.

Je connais encore fort peu le pays. Quand je m'éloigne de Saint-Louis, dans mes promenades, je rencontre des arbres inconnus dans nos pays et dont le feuillage est magnifique; ce sont des **palmiers** et des **tamariniers** sur-

---

La capitale est *Saint-Louis* (20,000 habitants) (fig. 65), placée dans une île. Toute la population indigène appartient à la race nègre.

Le Sénégal nous fournit des *peaux*, de la *cire*, de l'*ivoire*, des *graines oléagineuses* (arachides, sésame, etc...), de la *gomme*, du *caoutchouc*, etc... De plus, le Sénégal est la route qui nous fait pénétrer dans le Soudan, pays très peuplé où l'on trouve, outre tous ces produits, de l'or et du fer.

Leçon de choses : **Palmier; Tamarinier**. — Le palmier (fig. 66) est un arbre *exotique* dont la tige nue et droite est appelée *stipe*. Cette tige est surmontée d'un bouquet de feuilles ou palmes, toujours grandes, dentelées, très jolies à voir.

On compte plus de 600 espèces de palmiers. Toutes sont exotiques* à l'exception du *palmier nain* qui croît en liberté dans le sud de l'Europe, que partout on peut élever dans des serres et qui décore nos appartements.

Le *dattier*, le *cocotier*, le *sagoutier*, sont des variétés de palmiers. Ces arbres produisent presque tous des fruits comestibles : *dattes*, *noix de coco*, *arecs*, *chou palmiste*. Ce dernier est un bourgeon composé de jeunes feuilles encore tendres et qu'on mange en salade. On extrait des palmiers une liqueur dite *vin de palme*, une huile appelée *beurre de palme*, de la *cire*, des fécules telles que le *sayou*, des substances *tinctoriales*. Avec les

Fig. 66. Palmier.

fibres de l'écorce, on fabrique des tissus grossiers, des cordes : avec les feuilles on tresse des nattes, des paniers et on recouvre les habitations.

Le tamarinier, qui croît dans les mêmes régions que le palmier, donne des fruits charnus, à la fois acides et rafraîchissants, qui sont agréables et qu'on vend sous le nom de *tamarins*.

tout, puis des champs de cannes à sucre, des forêts de **baobabs**. Mais tout cela n'a pas le pouvoir de me plaire. Je pense à nos gros châtaigniers, à nos noyers si verts et si frais, à nos larges ormeaux, aux peupliers élancés de notre Périgord et rien pour moi, je le sens, ne vaut ce petit coin de terre. Quand j'aurai fini mon service, comme je me hâterai d'y revenir !

Ne t'inquiète donc pas de moi, ma chère petite sœur. Pour le moment, je vais bien et si les fièvres ou la **dysenterie** veulent m'épargner, je compte retourner au pays plus vaillant que jamais.

Écris-moi de temps en temps. Donne-moi des nouvelles de tous ceux et celles qui m'intéressent. J'espère que mon père et ma grand'mère vont bien ; je leur écris en même temps qu'à toi.

Au revoir, ma chère sœur, continuons de faire tous les deux notre devoir. Ce n'est pas agréable tous les jours, va ! mais le mieux est de se résigner et de le bien remplir. Cela fait passer le temps plus vite.

Je t'embrasse bien tendrement, PIERRE.

LEÇON DE CHOSES : **Baobab**. — Le baobab (fig. 67) est le plus gros des végétaux connus ; il est également remarquable parce qu'il devient très vieux. On a vu des baobabs dont le tronc avait jusqu'à 30 mètres de circonférence. Son fruit appelé *pain de singe* et *calebasse* est une sorte de noix sucrée, aigrelette et rafraîchissante.

Le fruit du *baobab* a des propriétés émollientes ; avec les feuilles on fait une tisane employée avec succès contre les fièvres des pays où il croît. Avec l'écorce du fruit, les nègres font du savon.

Adanson, naturaliste français du XVIIIᵉ siècle, prétendait qu'il avait observé au Sénégal un baobab qui, suivant les calculs établis d'après la grosseur de sa tige, devait avoir plus de 600 ans ; mais ces calculs ont paru exagérés. On sait qu'on peut reconnaître l'âge d'un arbre en examinant la constitution intérieure de la tige. Chaque année, la tige s'accroît d'une *couche concentrique* qui durcit peu à peu et forme le *bois*. Chaque couche est marquée par une raie de nuance plus foncée ou plus claire que la couche précédente.

FIG. 67. — Baobab.

HYGIÈNE : **Dysenterie**. — La **dysenterie** est une inflam-

Fig. 68. — Jeanne lit la lettre de son frère à ses compagnes d'atelier.

mation de l'*intestin*, occasionnée soit par une nourriture que

Cette lettre fit beaucoup de plaisir à Jeanne. Elle la lut à haute voix (fig. 68) à ses compagnes d'atelier. Chacune fit ses réflexions sur les voyages, les nègres, les maladies des pays chauds et Jeanne se sentait toute fière d'être seule à recevoir directement ces détails sur des choses si nouvelles pour elle.

CHAPITRE XI

UNE TRAHISON

Triste conduite de Marie. — Depuis la maladie de Mlle Chardon, la discipline semblait s'être relâchée parmi les ouvrières. Marie qui, pendant quelques semaines, s'était sentie moins surveillée que de coutume, avait pris l'habitude d'arriver tard à l'atelier et d'en sortir bien avant l'heure fixée. Son caractère était devenu bizarre : elle parlait sans cesse des projets qu'elle avait, des changements que l'avenir apporterait sans doute dans sa situation ; elle témoignait surtout une grande admiration pour tout ce qui se faisait chez Mme Julian, la nouvelle couturière, et vantait l'heureux sort de ses apprenties qu'elle payait largement et traitait bien mieux que Mlle Chardon ne traitait les siennes.

---

l'estomac ne peut supporter, soit par une température trop chaude ou trop humide à la fois.

La dysenterie se manifeste par une diarrhée plus ou moins accompagnée de flux de sang. Cette maladie n'est pas absolument contagieuse *.

Lorsqu'une personne est atteinte de diarrhée, il est bon de lui donner aussitôt à boire de l'eau de riz gommée et de la mettre à la diète ' ou tout au moins de restreindre son alimentation. Si la diarrhée résiste à ce genre de médication, on appellera immédiatement le médecin, car cette indisposition peut être le commencement de la dysenterie.

Jeanne ne savait trop que penser des changements d'humeur de sa compagne. Elle pressentait bien que Marie n'agissait pas franchement à l'égard de sa patronne et qu'elle méditait quelque projet ténébreux. Mais, ce qui irritait Jeanne, c'était d'entendre ces perpétuelles louanges adressées à la plus dangereuse concurrente de Mlle Chardon. Elle trouvait indélicat ce procédé de dénigrement à l'égard d'une patronne un peu sèche, un peu froide, mais bonne au fond et respectable. Après tout, n'était-ce pas Mlle Chardon qui faisait vivre Marie en lui donnant un salaire souvent disproportionné au peu de travail que faisait la paresseuse jeune fille ?

— Si j'osais demander à Mlle Chardon de résilier l'engagement qui me lie à elle pour un an encore, je suis certaine que Mme Julian me prendrait, avait dit un jour Marie.

Jeanne se souvint de ces paroles, certain soir où, revenant de chez une pratique, elle aperçut Marie à la porte de Mme Julian. Un soupçon rapide comme un éclair traversa son esprit ; en réfléchissant aux causes probables qui amenaient Marie chez la concurrente de sa patronne, elle acquit bientôt la conviction que la jeune fille entretenait des relations avec la nouvelle couturière. Mais dans quel but ? Jeanne craignait de faire un jugement téméraire ; cependant, tout s'accordait à lui faire croire que Marie trompait la confiance de Mlle Chardon.

Oui, grâce à cette aide coupable, Mme Julian devait connaître les modèles créés par Mlle Irma ; elle devait connaître aussi l'état de ses affaires et le genre de sa clientèle, renseignements précieux pour une concurrente. Il est vrai, — et ceci rassurait Jeanne, — que Mlle Chardon ne disait point toujours à ses ouvrières le nom de la personne à qui telle ou telle robe était destinée. Ces dames exigeaient souvent le secret, de peur qu'une bonne amie ne surprît les mystères de leurs futures toilettes. Mlle Chardon, qui avait beaucoup d'ordre, comme toutes les vieilles demoiselles, et qui n'était pas moins méticuleuse *, inscrivait le nom et l'adresse de ses clientes sur un carnet appelé *Memorandum*, qu'elle tirait rarement du tiroir de sa commode, et qu'il était interdit aux ouvrières d'y aller chercher.

Un cas de conscience. — Jeanne se demandait ce qu'elle devait faire. Elle devait à Mlle Chardon de ne pas la laisser trahir par une ingrate; mais elle ne savait comment l'avertir. La délation lui répugnait, comme à toutes les âmes droites et honnêtes. Ce procédé, même quand il a sa raison d'être, a toujours quelque chose de bas et de lâche qui révolte les êtres vraiment francs. C'est un vilain rôle que celui d'espion, et, bien qu'il soit utile, parfois indispensable en temps de guerre, on trouve en France peu de gens capables de le bien jouer. Notre race aime à braver le danger en face et à défier l'ennemi tout haut. Ce sentiment se retrouve partout et revêt toutes les formes. Les enfants mêmes l'éprouvent vivement, et, dans nos écoles, l'écolier le plus détesté de ses camarades est le *rapporteur*. Jeanne se souvenait de cette épithète de *rapporteuse* appliquée comme une suprême injure à certaines petites filles, toujours prêtes à avertir la maîtresse des faits et gestes de leurs compagnes.

— Je ne veux pas être une rapporteuse; mais je ne veux pas laisser tromper Mlle Chardon.

Ainsi pensait Jeanne, et elle se promettait de défendre les intérêts de sa patronne, sans trop savoir comment elle s'y prendrait. Elle était encore dans une grande indécision, quand le hasard mit fin à son embarras d'une manière inopinée *.

Jeanne découvre la perfidie de Marie. — Un samedi soir, au moment où les ouvrières allaient

quitter l'atelier, Mlle Élodie arriva et invita Mlle Irma
à dîner pour le lendemain. Une de leurs amies communes, Mme Boursault, ancienne mercière à Paris,
était descendue chez elle et comptait passer quelques
jours à Périgueux. La bonne Mlle Élodie voulait profiter de l'occasion pour réunir quelques personnes et
elle suppliait sa sœur de l'aider à bien recevoir ses
convives. Mlle Irma hésitait un peu, à cause de Jeanne,
mais celle-ci déclara qu'elle n'aurait pas peur, qu'elle
ferait elle-même son petit dîner et qu'elle serait très
fière si on voulait bien lui confier la maison.

Mlle Chardon finit par accepter l'invitation de sa sœur.
Au fond, elle était très satisfaite.

— Vraiment, dit-elle à Mlle Élodie, si cette enfant
était sotte et peureuse comme tant d'autres, je n'ose-
rais la laisser seule et je serais privée d'un grand plaisir.

Jeanne entendit ces paroles prononcées tout bas,
presque à l'oreille de Mlle Élodie, et elle jeta à sa
patronne un regard reconnaissant. Mlle Chardon avait
bien changé depuis quelques mois !

Le lendemain, Mlle Chardon partit de bonne heure.
Jeanne alluma le feu et prépara à l'avance son modeste
repas. Elle s'assit ensuite au coin de la fenêtre, dans
sa cuisine, et se plongea dans la lecture d'un journal de
voyages, dont Mlle Élodie lui avait prêté quelques livrai-
sons. Pendant qu'elle suivait avec intérêt les péripéties
d'une chasse au tigre (fig. 69), on frappa à la porte extérieure, un coup léger, si léger qu'elle l'entendit à peine.

Toc, toc!... Toc, toc!...

Jeanne lève la tête, toute surprise, un peu inquiète

Leçon de choses : **Tigre**. — Le tigre (fig. 69) est un *mammifère*
sauvage, de l'ordre des *carnassiers*. Le plus beau parmi les
diverses espèces est le tigre royal dont le pelage est jaune fauve
dessus, blanc en dessous, marqué de bandes transversales qui
sont noires. Son poil est ras. Sa queue est couverte de raies en

même, et ne sachant trop si elle doit ouvrir ou rester prudemment à sa place. Mais une voix bien connue parvient à ses oreilles :

— Jeanne !... c'est moi, c'est Marie (fig. 70) !

Jeanne a vite ouvert, et Marie, en toilette de promenade, l'embrasse affectueusement, plus affectueusement qu'à l'ordinaire.

— J'ai rencontré Mlle Chardon toute seule; je savais que tu devais rester à la maison, et comme j'avais oublié, hier, sur la table, le petit étui de nacre * auquel je tiens beaucoup, je suis vite venue te le demander... Tu ne m'en veux pas de t'avoir dérangée, dis, ma petite Jeanne?

---

forme d'anneaux, alternativement noires et jaunes. Il est à peu près de la taille du lion, mais plus mince et plus bas sur les jambes. Sa tête est petite en proportion de son corps.

Fig. 69. — Une chasse au tigre.

La force du tigre est prodigieuse et sa férocité est extrême. On a essayé souvent de l'apprivoiser : tant qu'il est jeune, on croit toujours réussir; mais, dès qu'il arrive à l'âge adulte *, sa férocité reprend le dessus et il devient terrible.

La chasse au tigre est très dangereuse. On le trouve surtout dans l'*Asie méridionale* et dans les *îles de la Sonde* *. L'Amérique en renferme une espèce, le *tigre noir*, ou *jaguar*.

Jeanne est tout étonnée : elle n'a pas trouvé l'étui de nacre, et pourtant, ce matin, selon l'usage, elle a mis en ordre tous les meubles de l'atelier. C'est bien étrange! Mais Marie ne perd pas l'espérance de retrouver l'étui : Jeanne n'a pas bien vu; cet objet si léger, si mince, a dû glisser entre deux planches, peut-être même dans un tiroir entre-bâillé. Que Jeanne ne se tourmente pas! Qu'elle reprenne sa lecture! Marie cherchera bien toute seule...

Et Marie cherche; elle cherche si bien que, dans la pièce à côté, Jeanne l'entend remuer la table, les chaises, ouvrir et fermer les tiroirs... Puis,

Fig. 70. — Jeanne!... C'est moi, c'est Marie!

tout à coup, il se fait un silence, et Jeanne, laissant le tigre dans ses jungles *, appelle Marie à haute voix.

— N'as-tu rien trouvé?

— Pas encore... ne te dérange pas! répond la jeune fille.

Jeanne reprend sa lecture, mais, au bout d'un moment, elle songe qu'elle ferait vraiment mieux d'aider Marie, et, posant son livre, elle ouvre doucement la porte de l'atelier... mais, sur le seuil, elle s'arrête, frappée de stupeur.

Audace de Marie. — Debout devant la table,

7

dont tous les tiroirs sont ouverts (fig. 71), Marie consulte un livre à tranche rouge, — le fameux livre d'adresses de Mlle Chardon! — et vite, d'une main fébrile*, elle inscrit sur un tout petit carnet les noms et la demeure des clientes de sa maîtresse...

Jeanne n'a pas eu besoin de réfléchir; cette fois, elle a compris, et, toute rouge d'indignation, elle arrache

le carnet des mains de Marie interdite... Sur la première page une étiquette est collée : « Maison Julian. — Robes et manteaux. » Plus de doute...

— C'est indigne, Marie, c'est indigne, ce que tu fais là... Oh! méchante, méchante et menteuse! Que t'a fait Mlle Chardon

Fig. 71. — Devant la table, Marie consulte un livre à tranche rouge.

pour que tu la trompes ainsi?...

Marie a vite repris son assurance.

— Allons, Jeanne, dit-elle en essayant de rire, ne crie pas si fort. Ce n'est pas un crime... En cherchant mon étui, j'ai regardé dans ce tiroir... j'ai vu ce livre... je l'ai ouvert, et l'idée m'est venue de copier ces adresses... oh! par curiosité!... je ne veux de mal à personne... c'était pour m'amuser...

— Marie, dit Jeanne, tu ne peux pas effacer le nom qui est sur cette étiquette; tu ne peux pas nier que tu ne sois en relations avec Mme Julian, puisque, moi-même, je t'ai vue sortir de chez elle l'autre soir... tu sais bien...

— Eh bien! répliqua Marie en élevant le ton, est-ce que je ne suis pas libre d'aller où je veux et de voir qui me plaît?

Si tu n'étais pas une sotte, ma petite, tu saurais que Mme Julian est en quête d'ouvrières et qu'on ne perd rien en lui rendant service... Voyons, Jeanne, — et la voix de Marie se faisait plus douce, presque câline, — comprends donc que nous perdons notre temps ici. Mal payées, mal nourries, dans la société d'une patronne aussi désagréable qu'on peut l'être, nous laisserions échapper une occasion unique!... Si tu veux m'en croire, je te présenterai à Mme Julian qui sera charmée de te connaître... vous vous entendrez, et dans peu de

Fig. 72. — Je vous ai entendue, j'étais là et je saura traiter chacune comme elle le mérite.

temps, quand Mlle Chardon, faute de clientes, sera forcée de céder la place, tu pourras...

— Jamais je ne ferai une chose pareille, s'écria Jeanne, toute tremblante de colère, et je ne comprends pas comment tu oses me le proposer. Je suis une honnête fille et je n'ai jamais ni trompé, ni volé autrui : je ne veux pas qu'on nuise à une personne que je respecte, qui ne m'a fait que du bien.

— Et qui vous en fera encore, ma brave petite Jeanne, interrompit la voix de Mlle Chardon qui revenait brusquement chez elle. Je vous ai entendue, j'étais là et je saurai traiter chacun comme il le mérite (fig. 72). Venez que je vous embrasse... et vous, Marie, sortez d'ici; j'enverrai demain chez votre mère le prix des journées que je vous dois.

Mlle Irma est pleine de reconnaissance pour Jeanne. — Mlle Irma était debout au seuil de la chambre, toute pâle. Elle s'était aperçue à mi-chemin qu'elle avait oublié ses clefs aux armoires et elle était rentrée doucement. Le bruit d'une discussion venant à ses oreilles, elle avait assisté, témoin silencieux, à la scène que nous venons de raconter.

Marie sortit, la tête basse, furieuse et honteuse à la fois. Mlle Irma ne cessait de féliciter Jeanne sur ses bons sentiments.

— Comment cette Marie a-t-elle pu me mentir ainsi!

Fig. 73. — Jeanne, à genoux par terre, réunissait les feuilles éparses du livre d'adresses.

disait Jeanne. Elle était si aimable, si souriante, quand elle est venue me demander son étui de nacre...

— Son étui de nacre!... je l'ai vue le mettre dans sa pochette, hier, sous mes yeux. Ah! Jeanne, la vilaine chose que le mensonge! Tu es une bonne enfant, un cœur droit et sincère, je te dois bien une récompense... Parle sans crainte : que désires-tu?

Jeanne, à genoux par terre (fig. 73), réunissait les feuilles éparses du livre d'adresses et du carnet qu'elle avait arraché à Marie. Elle leva la tête avec un sourire radieux.

— Oh! mademoiselle, vous êtes trop bonne. Je n'ai fait que mon devoir... Il y a bien longtemps que je n'ai vu grand'mère et, si vous pouviez m'accorder huit jours...

— Accordé! dit Mlle Chardon. Dès demain tu feras tes préparatifs. Sans toi, Marie eût mis ma maison à la merci d'une concurrente. Jamais je n'oublierai l'énergie et la droiture dont tu as fait preuve et j'espère te montrer un jour que je ne suis point une ingrate.

Deux jours après, Jeanne partait pour Nanteuil.

CHAPITRE XII

MORT DE LA ROUSSELOTTE

Petit voyage à Nanteuil. — Jeanne était au village depuis huit jours. En une semaine, elle avait repris ses belles couleurs d'autrefois et les exhortations de grand'mère lui avaient rendu le courage et l'entrain des anciens jours. Jeanne avait trouvé bien des changements après quatre mois d'absence. Pierre était au Sénégal et, pour le remplacer à la ferme, le père Bernard avait dû prendre un valet nommé Jacques qui coûtait gros et travaillait de moins bon cœur. Grand'mère vieillissait et sa vue devenait faible ; malgré ses grosses lunettes, elle se plaignait de ne pouvoir plus tricoter aisément. Mˡˡᵉ Valette dirigeait toujours l'école, mais comme la population du bourg augmentait rapidement, elle avait obtenu une adjointe. Quant à notre vieille connaissance, la Rousselotte, elle était au lit depuis un mois et si malade que le médecin désespérait de la sauver.

— Pauvre Rousselotte, disait un soir grand'mère en essuyant ses lunettes avant de prendre son tricot, voilà une brave et honnête femme qui n'a pas eu la vie douce et qui pourtant a toujours suivi le droit chemin. Elle se sent mourir chaque jour et se désole en voyant l'enfant légère et étourdie qu'elle laisse seule, sans parents, sans bien, mais non pas sans amis. Tu as parlé à ta patronne, petite ?

— Oui, dit Jeanne, et Mˡˡᵉ Chardon m'a écrit ce matin que, s'il arrivait malheur à la Rousselotte, elle consentirait à prendre Martine comme apprentie.

— C'est bien généreux de sa part, soupira grand'mère. Tu vois, Jeannette, que cette demoiselle avait bon cœur... Quelle misère tout de même, que de mourir ainsi! Aïe! pauvre créature, pauvre Rousselotte! Sera-t-elle en vie à ton départ?

La Rousselotte vécut jusqu'au départ de Jeanne et passa même la semaine qui suivit. Un soir, sans agonie, sans souffrance, comme une lampe qui s'éteint faute d'huile, elle mourut dans les bras de grand'mère Bernard (fig. 74). Toute la nuit le cierge de première commu-

Fig. 74. — Mort de la Rousselotte.

nion de Martine brûla à côté du grand lit et le matin auprès de la bière. On avait enveloppé la Rousselotte dans un drap de toile bise, un de ces gros draps inusables que les paysannes ourlent pour leur trousseau de noce et qu'elles emportent dans leur cercueil. Ensuite on la transporta vers l'église, puis au cimetière où reposait déjà Mathieu Rousselot, son défunt mari.

Changement de caractère de Martine. — L'herbe était déjà haute sur la tombe de la Rousselotte, quand Martine, grave maintenant sous ses habits de deuil, partit pour la ville où Mlle Chardon l'attendait. L'entrevue des deux amies, Jeanne et Martine, ne se passa point sans larmes. La folle et bruyante enfant que nous avons connue au début de cette histoire n'était pas reconnaissable dans cette jeune fille sérieuse et pâle, toute vêtue de noir. Mlle Chardon lui fit bon accueil et dès le jour de son arrivée, Martine conquit la sympathie des ouvrières.

La vie monotone recommença, Martine faisait tout ce que Jeanne avait autrefois coutume de faire. Les deux jeunes filles partageaient la même couchette, les mêmes repas, les mêmes travaux et cette intimité parfaite cimentait chaque jour plus fortement leur amitié de sœurs.

Un an se passa ainsi, apportant quelques cheveux gris de plus à Mlle Irma, quelques rides de plus à grand'mère. Jeanne approchait de seize ans et paraissait tout à fait une jeune fille. Elle commençait à gagner quelque argent qu'elle mettait régulièrement à la caisse d'épargne. De temps en temps, Mlle Élodie, qui l'avait toujours en grande affection, lui faisait un petit cadeau, sans lui ménager les bons conseils.

Martine reprenait sa gaieté en posant ses vêtements de deuil. C'était une forte et jolie fille, éclatante de fraîcheur et de santé. Malheureusement, malgré ses

---

ÉCONOMIE DOMESTIQUE : **Caisse d'épargne.** — Les Caisses d'épargne sont des institutions qui ont pour but de recevoir et de faire fructifier les sommes qui leur ont été confiées. Elles ont été établies pour les classes ouvrières et pour toutes les personnes qui reçoivent un minime salaire au jour le jour.

Un *livret* numéroté est remis lors du premier versement à toute personne qui dépose des fonds. On y inscrit le *nom* et l'*adresse* de la personne et l'on y consigne toutes les opérations qui auront lieu par la suite : *versements, remboursements, intérêts.* On ne peut avoir plus d'un livret.

Toute somme peut être déposée à partir d'*un franc.* Lorsque la somme déposée est assez considérable, l'administration de la Caisse d'épargne transforme ce capital en une *rente sur l'État.* Cette opération se fait d'office ou sur la demande du déposant.

Les intérêts des sommes versées sont payés à un taux qui varie entre 3 et 4 °/°.

Les Caisses d'épargne postales, plus commodes encore que les Caisses d'épargne de l'État, ne reçoivent pas de sommes au-dessus de 2 000 francs.

efforts, elle ne pouvait pas maîtriser toujours sa nature impétueuse et légère.

Marthe, simple, modeste et douce, était aimée de tous. Son amitié pour Jeanne ne se démentait pas. Elle avait refusé de se marier avec un employé du chemin de fer qui gagnait de beaux appointements*, mais qui passait pour joueur. Elle avait près de vingt-trois ans et Mlle Chardon la considérait comme son associée plutôt que comme son ouvrière.

Deux années s'écoulèrent encore et la vie de notre héroïne continuait calme, uniforme et paisible quand un grand événement vint la bouleverser.

Jeanne quitte la province. — Depuis quelques mois, Mlle Chardon se trouvait souffrante. Elle avait souvent manifesté l'intention de se retirer. Cependant les affaires allaient à merveille. Marthe, Jeanne et Joséphine étaient les meilleures ouvrières de Périgueux et, si Martine n'était pas une apprentie parfaite, elle rendait néanmoins de nombreux services. Mlle Chardon, dont l'humeur s'était adoucie à la longue, exprimait fréquemment le regret qu'elle aurait de licencier son petit personnel, en ajoutant que sa mauvaise santé la forcerait bientôt à prendre un repos bien gagné. « Si je n'avais pas eu des désastres pécuniaires*!... » murmurait-elle en soupirant, et Mlle Élodie reprenait : « Laisse là l'aiguille et les ciseaux ; et viens avec moi vivre de nos petites rentes et de ma **retraite**. »

DROIT USUEL : **Retraite.** — Les employés du gouvernement qui l'ont servi pendant un certain nombre d'années (de 25 à 30 ans) sans interruption, ont droit à une **pension de retraite**, c'est-à-dire que l'État leur paye chaque année une somme calculée sur les appointements qu'ils ont reçus pendant leur service.

Pour établir leur pension, l'État prélève chaque mois, sur le traitement des fonctionnaires, une somme minime qui, au bout de 25 à 30 ans, représente le montant de leur pension, plus les intérêts de cette somme.

Avant l'*âge* et le *temps de service* révolus, il faut, pour obtenir

Le dénouement prévu ne se fit pas longtemps attendre. Mlle Chardon se décida à quitter le métier et annonça sa décision à toutes ses clientes, en leur recommandant ses ouvrières. Marthe, qui était majeure depuis deux ans, allait prendre la succession de sa patronne. Elle s'associa avec Joséphine et Martine. Quant à Jeanne, elle fut recommandée par Mlle Chardon à cette dame de Paris, que nous avons déjà nommée précédemment, Mme Boursault, amie de la vieille demoiselle. Mlle Chardon voulait que Jeanne allât se perfectionner à Paris pour revenir ensuite à Périgueux travailler avec Marthe et Martine, car sans doute, disait-elle, Joséphine ne resterait pas longtemps couturière, puisqu'elle allait se marier.

Mme Boursault écrivit donc à la jeune fille et entretint avec elle une correspondance très affectueuse. Elle l'engageait à venir dans la capitale : « Je vous trouverai un atelier modèle... Vous serez vite estimée... vous ferez votre fortune. » Toutes ces belles paroles avaient un peu tourné la tête à Jeanne qui commençait à s'ennuyer de son existence monotone. Paris avait pour elle l'attrait de l'inconnu. Elle ne savait pas que Mme Boursault était une excellente femme, mais d'un caractère naturellement porté à l'exagération.

Elle l'invitait à venir chez elle, à Paris, rue du Val-de-Grâce. « Je me charge de vous trouver en huit jours ce qu'il vous faut, mais, comme vous êtes trop jeune pour demeurer seule dans un hôtel, vous préfé-

---

une pension, justifier soit d'une *infirmité* soit d'un accident résultant du service.

Les veuves d'employés de l'État morts en jouissant de la pension ont droit elles-mêmes à en toucher une partie. Les orphelins mineurs d'un fonctionnaire retraité reçoivent aussi un secours de l'État sous forme de pension.

Les militaires qui ont un certain nombre d'années de service ont droit, eux aussi, à une pension de retraite.

rerez, j'en suis sûre, payer chez une amie une petite pension qui vous permettra de faire quelques économies. » Les lettres de Mme Boursault présentaient toute chose sous le plus riant aspect. Jeanne les communiqua à grand'mère qui, tout en soupirant, finit par consentir au départ de son enfant chérie.

Jeanne fit ses adieux à ses amies de Périgueux. Marthe gardait Martine comme ouvrière. Jeanne promit de lui écrire souvent.

Fig. 75. — Sur le quai de la gare, grand'. mère et le père Bernard regardent le train s'éloigner.

Elle alla ensuite à Nanteuil où elle passa huit jours. Grand'mère, attristée et silencieuse, travaillait aux préparatifs de départ. Pauvre bonne grand'mère! Ce Paris si grand, si lointain, lui faisait peur : elle se trouvait bien âgée pour se séparer ainsi des siens. De moins vieux qu'elle dormaient déjà dans l'étroit cimetière, et qui sait si elle reverrait sa pauvre fillette? Sur la tombe de la Rousselotte, Jeanne alla déposer pieusement quelques fleurs, comme un adieu et un souvenir.

Enfin le jour du départ arriva. Sur le quai de la gare, grand'mère et le père Bernard regardent le train s'éloigner (fig. 75). Ils pleurent tous deux en voyant s'augmenter la distance qui les sépare de leur chère fille, et en distinguant de moins en moins la tête aimée qui, penchée à la portière, leur adresse un dernier salut...

C'en est fait. L'enfance paisible de Jeanne est finie. La jeunesse s'ouvre devant elle souriante, pleine d'espoir, mais pleine aussi peut-être de désillusions * cachées.

CHAPITRE XIII

JEANNE A PARIS

Une rue parisienne. — Avec ses trottoirs étroits, ses jardins, ses maisons déjà anciennes, ses rares boutiques aux modestes étalages, la rue du Val-de-Grâce (fig. 76) semble tout à fait une rue de province, isolée dans un quartier parisien. Le grand bâtiment qui s'élève à l'une de ses extrémités, arrondit fièrement son dôme oriental dans le ciel que le couchant teinte d'une rougeur pâle. Les passants sont peu nombreux à cette heure : par-ci, par-là, quelques collégiens, quelques enfants

Fig. 76. — Un coin de la rue du Val-de-Grâce.

suivis de leurs bonnes, quelques vieux couples de petits rentiers retirés des affaires, gens calmes et simples que la proximité du Luxembourg attire dans cette rue. Il est huit heures et le gaz des magasins n'est pas encore

MONUMENTS HISTORIQUES : **Val-de-Grâce.** — Le Val-de-Grâce (fig. 77) est un hôpital militaire situé à Paris, rue Saint-Jacques. C'était jadis un couvent que la reine *Anne d'Autriche* * avait fait construire pour remercier Dieu de lui avoir donné un fils. Son

allumé, tant ce crépuscule de printemps est clair après la journée ensoleillée.

A la porte du numéro 60, on voit assise la concierge, Mme Baju, prenant le frais en compagnie de son gros chat qui repose sur ses genoux.

Elle songe aux gens de *sa* maison et en particulier à la dame du cinquième, Mme Boursault, la plus gaie de ses locataires. Elle se demande avec une certaine curio-

église est surmontée d'un dôme dont le dessin rappelle dans de moins grandes proportions celui de Saint-Pierre de Rome. Après

Fig. 77. — Le Val-de-Grâce.

celui du Panthéon et celui des Invalides, c'est le plus haut de Paris. Il est à plus de 40 mètres du sol. Les architectes *Mansard*, *Le Muet* et *Gabriel Le Duc* ont travaillé successivement à l'érection de ce monument.

sité ce qu'est venue faire chez elle une jeune fille de dix-huit ans environ qui a débarqué avec ses bagages il y a trois semaines. Même elle a bien changé depuis ce jour-là, la fillette! pense la curieuse concierge. Elle était fraîche comme une pomme d'api lorsqu'elle est arrivée et aujourd'hui elle est déjà toute pâlotte. Ah! dame, c'est une rude vie que la vie de Paris, et les gens de province fe-raient mieux de rester où ils sont.

Comme la concierge achève cette réflexion, voici que Mme Boursault et sa jeune compagne, — vous avez reconnu Jeanne? — arrivent au bout de la rue (fig. 78). Elles viennent de faire leur promenade quoti-dienne au Luxembourg.

Passant devant la loge de la concierge, Mme Boursault demande :

Fig. 78. — Mme Boursault et sa jeune compagne arrivent au bout de la rue.

— N'y a-t-il rien pour moi, madame Baju?

— Rien du tout, madame Boursault.

— Votre père écrira demain, ma petite Jeanne, dit Mme Boursault en se retournant vers la jeune fille et en la regardant affectueusement.

— Je l'espère, répond Jeanne d'un air accablé.

Et elles montent les cinq étages.

La pauvre Jeanne est bien triste. Sur la foi des pro-messes séduisantes de la trop expansive Mme Boursault, Jeanne était arrivée à Paris, pleine d'espoir.

Tristesse de Jeanne; elle songe au pays.

— L'étroit appartement de Mme Boursault, les cinq

étages qu'il fallait sans cesse monter ou descendre, l'isolement qu'elle sentit dans ce milieu si différent du sien, refroidirent bientôt son enthousiasme. Elle se consola d'abord en songeant que cet état de choses serait provisoire ; mais, lorsqu'elle eut visité les nombreux ateliers dont Mme Boursault avait la liste, lorsqu'elle eut subi des refus, soit à cause de son inexpérience, soit à cause de sa jeunesse, soit pour d'autres raisons, Jeanne commença à se désoler (fig. 79). Elle n'avait pas voulu entrer dans plusieurs maisons dont le genre ne pouvait convenir à une jeune fille pleine de délicatesse et d'honnêteté natives. Son petit pécule * s'épuisait

Fig. 79. — Jeanne commença à se désoler.

rapidement et elle regrettait déjà de n'être pas restée avec Marthe à Périgueux.

Elle avait écrit à Marthe et celle-ci lui avait répondu en mettant sa modeste bourse à la disposition de son amie. Mais Jeanne espérait se suffire à elle-même.

Elle comprenait maintenant combien il faut se défier de ces gens qui amplifient tout, qui dénaturent les faits en les présentant sous une fausse apparence et qui séduisent par de belles paroles les simples et les naïfs. Que de paysans, attirés par les discours d'un camarade, par les ouï-dire, par les récits trompeurs des livres et des journaux, ont de même abandonné leur

charrue pour chercher dans les cités un travail difficile
à trouver et une fortune introuvable !

Jeanne s'assit tristement auprès de la fenêtre. Elle
mit sa tête dans ses mains, et deux grosses larmes, que
l'heureuse Mme Boursault n'aperçut pas, glissèrent entre
ses doigts.

Elle revoyait en pensée les beaux couchers de soleil
sur la petite rivière de l'Isle, les bœufs rentrant du
labour, le père solitaire dans sa maison, trop grande à
présent, et grand'mère, la pauvre vieille, servant toute
seule le repas du soir.

Une heureuse pensée de Mlle Charmette. —
Quelques jours se passèrent encore ainsi, puis le mois
s'écoula et Jeanne n'avait encore rien trouvé.

Un jour qu'elle était plus découragée que jamais,
une amie de Mme Boursault, la vieille demoiselle Charmette, vint lui faire visite d'un air plus empressé qu'à
l'ordinaire.

C'était une bonne et simple personne qui avait été
jadis, au temps de sa jeunesse, sous-maîtresse dans un
pensionnat de « jeunes demoiselles », comme on dit à
Paris, et qui avait conservé de bonnes et nombreuses
relations.

Mme Boursault lui avait recommandé Jeanne et la
vieille demoiselle avait promis de faire de son mieux
pour rendre service à la jeune fille.

— Je suis venue pour vous, ma chère petite, dit-elle
de sa voix lente et basse. Je crois vous avoir trouvé
quelque chose qui vous permettra d'attendre une meilleure occasion.

— Enfin ! dit Jeanne. Je perdais courage, mademoiselle. Il est grand temps que je recommence à travailler.

— Assurément, dit Mme Boursault. Cette chère petite
se fait du « mauvais sang » à la fin. Il y a deux mois
que nous cherchons, et...

— Pardon madame, dit Jeanne en souriant. Je ne suis à Paris que depuis un mois tout juste.

— Bon! bon! cela ne fait rien, reprit l'étourdie Mme Boursault sans se déconcerter. Continuez, mademoiselle Charmette.

— J'ai parlé de Jeanne aux mères de mes élèves et l'une d'elles m'a chargée de l'envoyer chez une de ses amies, — une jeune femme nouvellement mariée qui demeure rue des Feuillantines. Cette jeune femme désire trouver une ouvrière à la journée. Il lui faut une personne adroite qui puisse s'occuper à la fois de la confection des robes et de la lingerie, parce que Mme Réal, — c'est le nom de cette dame, — ne s'entend pas très bien à ce genre de travail.

— Ce n'est pourtant pas si difficile! dit Mme Boursault.

— A chacun son métier, répondit en souriant Mlle Charmette. Mme Réal a, paraît-il, d'autres talents. Je la connais un peu et je puis assurer qu'elle et Jeanne se plairont l'une à l'autre.

— Bah! fit Mme Boursault, cela vaut mieux, après tout, qu'elle ne connaisse rien à la couture, elle sera moins exigeante.

Jeanne se tut, mais elle pensa en elle-même que jamais elle ne profiterait de l'ignorance d'une cliente pour faire un médiocre travail. La personne qui remet un ouvrage quelconque aux soins d'une ouvrière, lui donne en quelque sorte une preuve de confiance. Elle semble dire : « Échangeons, vous, votre travail, moi, mon argent, à condition que mon argent et votre travail auront une valeur égale. » Si l'ouvrière exécute un ouvrage de valeur inférieure au salaire déterminé, elle commet une indélicatesse défendue par la simple probité.

Il fut convenu que, dès le lendemain, la jeune fille

irait se présenter chez Mme Réal avec une lettre de Mlle Charmette. Jeanne remercia sincèrement la vieille demoiselle. Son cœur s'allégeait peu à peu : elle revenait à l'espérance et, malgré les incertitudes inséparables de sa situation, elle s'endormit ce soir-là d'un sommeil tranquille.

Une gracieuse jeune femme. — Dès le lendemain, Jeanne se présenta chez Mme Réal. En sonnant à sa porte elle sentit son cœur battre plus vite qu'à l'ordinaire. Elle tenait bien serrée dans sa main une lettre de Mlle Charmette, qui devait lui servir de présentation. Comment Mme Réal allait-elle la recevoir? Cette

Fig. 80. — La bonne lui demanda d'un air curieux qui elle devait annoncer.

dame était-elle sévère ou bienveillante? Exigerait-elle de Jeanne plus que celle-ci ne pouvait donner?... Ces diverses pensées troublaient la jeune fille quand une petite bonne coiffée d'un bonnet blanc vint lui ouvrir.

Dans l'antichambre étroite et sombre comme en ont la plupart des petits appartements parisiens, Jeanne s'arrêta tout interdite. La bonne lui demanda d'un air curieux qui elle devait annoncer (fig. 80).

— Je suis l'ouvrière que Mlle Charmette recommande à...

— Très bien, très bien ! dit la bonne en ouvrant une

porte à sa droite, entrez là. Je m'en vais prévenir madame.

Jeanne fit quelques pas dans la pièce où l'avait introduite la bonne. Elle avait entendu celle-ci murmurer en refermant la porte : « Quelle mine provinciale! » et la pauvre enfant se sentait très intimidée. Elle s'assit sur une chaise et regarda autour d'elle. Elle était dans une jolie salle à manger dont la fenêtre grande ouverte donnait sur un balcon. Des tableaux et des **gravures** ornaient les murs; des livres étaient rangés sur une table et, près de la fenêtre, un grand carton plein de dessins et d'**aquarelles** était posé sur une chaise. De la pièce voisine venaient les sons joyeux d'un piano; une grande cage pleine d'oiseaux était suspendue à l'angle du balcon, dans un fouillis de plantes vertes.

Cette petite pièce avait un aspect si gai et si intime

Leçon de choses : **Gravures.** — Les gravures ou estampes sont des reproductions de dessins obtenus par l'art de la gravure. On grave sur les métaux (surtout sur le cuivre et l'acier), sur le bois, le verre, les pierres fines.

Quand on grave sur le métal avec un *burin* *, instrument d'acier trempé dont on se sert comme d'une plume, la gravure ainsi obtenue est dite à *pointe sèche*. On grave encore sur le cuivre par le procédé suivant : on enduit la feuille de cuivre d'un vernis noirci à la fumée. On promène sur ce vernis une pointe plus ou moins fine à l'aide de laquelle on dessine. Elle enlève le vernis partout où elle passe et trace sur le métal un sillon léger. Le dessin étant ainsi achevé, on verse dessus de l'eau-forte *, qui mord et entame le métal partout où la pointe l'a mis à découvert. On nettoie ensuite la plaque en la débarrassant du vernis et on obtient un dessin gravé en creux sur le métal. C'est la *gravure à l'eau-forte*.

Leçon de choses : **Aquarelle.** — L'aquarelle est un dessin colorié à l'aide de couleurs délayées avec de l'eau légèrement gommée. Ce genre de peinture se fait sur un papier spécial, du carton ou de l'ivoire. L'aquarelle se distingue par la fraîcheur des nuances qu'elle présente. Elle convient pour reproduire des sujets de petite dimensions, fleurs et paysages surtout, mais elle n'a ni la solidité ni le grand mérite de la peinture à l'huile. Celle-ci se fait sur toile.

que Jeanne se sentit rassurée, tant il est vrai que
l'aspect des lieux n'est pas sans influence sur nos sentiments. On est triste et mal à l'aise dans une maison
noire, humide, meublée sans goût ou mal tenue, tandis
qu'un logis clair, aéré et bien rangé garde toujours un
air de gaieté et de bienvenue qui fait dire aux gens :
« On doit être heureux ici ».

La porte se rouvrit et une jeune femme de vingt à
vingt - cinq ans entra dans la salle à manger.

Elle inter-rogea la jeune fille avec une bienveil-lance pleine de bonne grâce. Aussi Jeanne se sentit - elle

Fig. 81. — Mme Réal écouta la jeune fille avec
beaucoup d'intérêt.

bientôt à l'aise auprès de cette aimable personne. Elle
lui raconta son histoire, ses débuts au village, son
apprentissage à Périgueux. Elle lui parla de sa pauvre
et regrettée maman, de sa vieille grand'mère si dévouée,
de son excellent père et de Pierre, le jeune soldat. Elle
lui dit aussi par quels ennuis elle avait passé depuis
un mois et quelles étaient ses inquiétudes pour l'avenir.

Mme Réal écouta la jeune fille avec beaucoup d'intérêt
(fig. 81); son visage exprimait la plus vive sympathie
et il s'établit tout de suite entre ces deux cœurs un

courant affectueux qui devait durer toujours, comme on le verra par la suite.

— Vous avez cédé à l'attrait du nouveau et de l'inconnu, dit en terminant, Mme Réal, et certes vous avez eu grand tort, ma pauvre enfant. Le chômage* coûte cher ici. Je ne puis vous donner beaucoup de travail, mais je m'occuperai de vous. Vous viendrez trois fois par semaine, le lundi, le mercredi et le vendredi : vous prendrez ici vos deux repas. Vous êtes assez habile pour confectionner et réparer des vêtements ; j'aurais désiré que vous fussiez plus adroite lingère, mais vous vous perfectionnerez en peu de temps.

— J'y mettrai toute la bonne volonté possible, madame.

— Vous travaillerez près de moi et vous n'entrerez point dans l'intimité de la bonne. J'ai remarqué que ces camaraderies entre les domestiques et les ouvrières à la journée n'ont jamais de bons résultats. Allons, écrivez vite à votre grand'mère que vous avez trouvé du travail et revenez demain matin, à huit heures.

Sottise de la superstition. — Jeanne rougit un peu :

— Demain matin?... murmura-t-elle, madame veut que je commence demain matin ?

— Et pourquoi pas? demanda Mme Réal, très étonnée.

— Parce que demain... c'est vendredi.

— Eh bien! qu'est-ce que cela fait? reprit Mme Réal avec un calme qui fit redoubler l'embarras de Jeanne.

— Madame ne craint pas que ce jour-là ne soit de mauvais présage?

— Ah ! vraiment vous êtes superstitieuse*? dit en riant Mme Réal. Il faudra vous guérir de cela, mon enfant. Nous en reparlerons plus tard. Puisque vous avez peur de cet innocent vendredi, venez samedi matin, mais songez que la superstition vous fait perdre un jour de travail, un jour de salaire, un jour de repos d'esprit.

— Madame doit me trouver bien sotte, dit Jeanne, mais à la campagne tout le monde a ces idées-là sur le vendredi.

— Nous vous en guérirons, dit la jeune femme en souriant de nouveau. Au revoir donc et à samedi.

Mme Boursault guettait l'arrivée de Jeanne. Du plus loin qu'elle la vit, elle se précipita à sa rencontre et l'accabla de questions. Jeanne dut lui raconter que Mme Réal l'avait bien accueillie, qu'elle la prenait trois fois par semaine, à un franc cinquante par jour, et qu'elle semblait très bonne et très gaie. Il lui fallut décrire l'appartement, les meubles, jusqu'à la toilette de la jeune femme.

Fig. 82. — Mme Réal installa Jeanne près du balcon.

Après avoir satisfait la curiosité de son hôtesse, Jeanne courut faire à Mlle Charmette une visite de remercîment et se mit en devoir d'écrire à grand'mère pour lui faire part de cet événement.

Jeanne ouvrière à la journée. — Le samedi suivant, à huit heures précises, Jeanne arrivait chez Mme Réal. Elle avait emporté son grand tablier à poches et son nécessaire, — un cadeau de Mlle Chardon. Mme Réal l'installa près du balcon à l'ombre d'un grand store de toile rayée (fig. 82). Jeanne, ayant sous les yeux des oiseaux et des fleurs, devant elle un large horizon et le ciel au-dessus de sa tête, se sentit tout de suite disposée à bien travailler.

8.

Jeanne se trouvait près de la fenêtre du salon et, tout en examinant le paquet de linge placé devant elle sur une chaise, pouvait voir la jeune femme, en peignoir du matin, un plumeau à la main, ranger les bibelots de ses étagères. Ce salon, que nombre de riches bourgeois parisiens eussent trouvé très modeste, réalisait pour Jeanne l'idéal du luxe possible. Elle qui n'avait vu que le *parloir* de Mlle Chardon et le petit appartement de Mme Boursault, s'émerveillait devant les tapis, les rideaux, les meubles sculptés et le piano couvert d'une draperie artistement relevée. Elle témoigna naïvement son admiration à Mme Réal :

— Comme c'est beau chez vous, madame !

Mme Réal se mit à rire :

— Vous trouvez, Jeanne? C'est que vous n'êtes pas habituée au luxe de Paris. Cependant, reprit-elle plus gravement, je préfère mon petit mobilier à tout ce que l'on pourrait m'offrir en échange. Ces meubles ont été gagnés, oui, gagnés par un travail persévérant. C'est mon mari qui a acheté, avant notre mariage, la plupart des objets que vous voyez. Puis nous avons travaillé ensemble et nous avons fait de nouvelles acquisitions. Vous verrez plus tard comme on tient à ce que l'on a conquis au prix de bien des efforts.

Leçon de choses : **Piano**. — Le piano est un instrument de musique dont le nom signifie *doux* ou *doucement*. Ce mot vient de l'italien.

L'invention de cet instrument remonte au xviiie siècle. Les uns l'attribuent à un Italien, *Cristofori*, qui l'aurait imaginé en 1711 ; d'autres à un Français, *Marius* (1716) ; d'autres enfin à un Allemand (1750).

Le piano est l'instrument de musique le plus généralement cultivé parce qu'à lui seul il donne une harmonie complète et qu'une seule personne peut produire en jouant l'effet de tout un orchestre.

Aux xvie et xviie siècles, on se servait d'*épinettes* et de *clavecins*, instruments à touches et à cordes, qui, perfectionnés, ont donné naissance au piano tel qu'il est aujourd'hui.

Conseils d'une amic sage. — Jeanne regardait la grande bibliothèque :

— Voilà bien des livres, dit-elle. Jamais je n'en ai vu tant à la fois.

— Aimez-vous la lecture? demanda la jeune femme.

— Beaucoup, madame. Je m'ennuie bien, allez, le dimanche quand je ne travaille pas et que je n'ai pas un livre intéressant sous la main. Mme Boursault m'a bien prêté le journal où nous lisons ensemble une histoire terrible! On n'y voit que des gens égorgés, des voleurs, des meurtres, des drames épouvantables. J'en rêve toute la nuit.

—Comment, s'écria Mme Réal, la personne

Fig. 83. — Déchirez cela et jetez-en les débris au ruisseau.

chez laquelle vous habitez vous permet de pareilles lectures, à vous, une fille de dix-huit ans!... Ce que vous avez de mieux à faire, Jeanne, c'est de laisser ces sottises-là de côté. Je vous prêterai des livres, de bons livres, des livres intéressants et instructifs; mais je vous conseille de prendre garde à la mauvaise et sotte littérature que certains journaux répandent dans Paris. Vous trouverez souvent sur votre passage, en pleine rue, des distributeurs de journaux qui vous mettront presque de force leurs mauvais romans dans la main. Déchirez cela et jetez-en les débris au ruisseau (fig. 83). Ce ne sont point des lectures dignes d'une fille sérieuse et honnête.

— Je vous le promets, madame, répondit Jeanne et je vous remercie de vos bons conseils.

La matinée s'acheva sans autre incident. Jeanne, très contente de sa maîtresse et du joli petit coin qu'elle occupait sur le balcon, réparait une robe de chambre. Par moments, elle levait les yeux et contemplait la rue où les gens passaient, affairés et bousculés les uns par les autres, le ciel où s'égrenaient le vol blancs des pigeons et le vol noir des hirondelles, les toits pressés et inégaux tout baignés de soleil. En face, au milieu d'un pâté de maisons, se dressait une église et de temps en temps la jeune fille regardait l'heure au cadran.

Midi sonna. Mme Réal reparut bien coiffée et bien habillée. Elle allait et venait du salon à la salle à manger, de la salle à manger à la cuisine, surveillant les apprêts du déjeuner. Au bout d'un moment elle s'approcha de Jeanne, examina son travail et se déclara satisfaite.

— Vous avez bien employé votre temps, dit-elle. Reposez-vous et allez déjeuner auprès de ma bonne.

Pierre qui roule n'amasse pas mousse. — Plusieurs semaines s'écoulèrent de la sorte pour Jeanne. Elle partageait sa vie entre son travail chez Mme Réal, sa seule cliente du moment, et les longues journées passées à écouter le babillage de Mme Boursault, dont la verve était intarissable.

La jeune fille s'attachait de plus en plus à la jeune Mme Réal, auprès de laquelle elle se sentait si heureuse. Que n'eût-elle pas donné pour ne pas la quitter? Elle songea un instant à abandonner sa profession de cou-

turière et à se placer chez la jeune femme pour remplacer sa domestique, Rosalie, qui venait d'être remer-
ciée. Mais elle se rappela les paroles de sa grand'mère
et de son père, au début de l'apprentissage : « Pierre
qui roule n'amasse pas mousse. » Elle se souvint qu'elle
avait promis sérieusement, très sérieusement, de ne
point changer pour un autre le métier qu'elle avait
choisi. Elle crut entendre encore la bonne Mlle Valette,
son institutrice, lui dire comme au jour du départ :
« Il faut être courageuse... les débuts sont pénibles... »
et elle prit courage, en effet, et laissa cette idée. On
verra par la suite de cette histoire que Jeanne eut
raison de persévérer.

Et cependant, que de bonnes choses elle devait à
Mme Réal !

Celle-ci se plaisait à causer avec elle, à la diriger par
ses conseils, à l'instruire même en lui donnant toutes
sortes de détails sur mille faits de la vie, que Jeanne
ignorait. Tout cela intéressait beaucoup l'ouvrière.

La gravure sur bois. — Ainsi, un jour, elle vit
M. Réal penché sur une haute table de travail, ayant
à la main un outil en métal, et paraissant tracer dans
le bois des lignes qui devaient être très fines, car il
maniait son outil avec une grande délicatesse et beaucoup de légèreté (fig. 84). Jeanne crut qu'il sculptait
ce morceau de bois si lisse et si poli ; mais ayant passé
auprès de lui, elle vit qu'un dessin était photographié
sur cette planche et que M. Réal semblait travailler
encore sur ce dessin. Elle fut très intriguée et s'enhardit
jusqu'à demander à Mme Réal quelques explications
que celle-ci lui donna avec plaisir.

— Mon mari fait de la **gravure sur bois**, dit-elle,

LEÇON DE CHOSES : **Gravure sur bois**. — La gravure sur bois
se fait à l'aide de *burins* de diverses grosseurs. Sur un morceau

c'est-à-dire qu'il reproduit sur le bois, à l'aide d'outils appelés *burins*, les dessins préparés par un autre artiste, le dessinateur. Voyez, dit-elle, en allant chercher une de ces petites planches, quelle multitude de traits il a fallu qu'il traçât pour reproduire ce dessin-là.

Fig. 84. — M. Réal maniait son outil avec une grande délicatesse.

Il y en a de plus longs, de plus profonds, de plus droits les uns que les autres, et l'art du graveur consiste, en grande partie, à savoir varier les traits suivant le genre

de bois (buis ou poirier), on dessine ou on photographie le dessin à reproduire. En faisant des *tailles* ou des *hachures* plus ou moins profondes, l'artiste enlève le bois à toutes les parties du dessin qui sont blanches, de manière à laisser en saillies tous les traits et toutes les ombres.

On voit que lorsqu'on a la reproduction d'un dessin par la gravure soit sur bois, soit sur métal, on peut en obtenir un très grand nombre d'exemplaires en enduisant la plaque ou le bois d'une encre spéciale et en faisant imprimer ce dessin sur une feuille de papier blanc.

On a découvert depuis quelques années le moyen de graver à l'aide d'un procédé photographique, la *photogravure*, qui donne des épreuves irréprochables, et qui a l'avantage de coûter beaucoup moins cher que la gravure proprement dite.

du dessin et les effets qu'a désiré obtenir le dessinateur. C'est à l'aide de la gravure sur bois qu'on illustre les journaux et les livres et qu'on fait bon nombre de belles gravures que l'on encadre et qu'on conserve avec soin. Il existe aussi la gravure sur cuivre, sur acier, mais le procédé pour graver est tout autre.

Mme Réal continua ainsi, parlant à Jeanne des chefs-d'œuvre de dessin, de peinture, qu'on pouvait reproduire de la sorte, en se servant du bois gravé comme des caractères d'imprimerie et en tirant autant d'exemplaires qu'on désirait.

— Il y a même des femmes qui apprennent la gravure, dit Mme Réal, et elles y réussissent bien, en général, parce qu'elles ont la main légère.

— Oh! madame! disait Jeanne, que vous êtes heureuse de savoir tant de choses et que je voudrais être comme vous.

— Comme moi, Jeanne? dit Mme Réal en souriant. Eh bien! ma chère enfant, croyez que je sais bien peu, et que j'ai, moi aussi, beaucoup, beaucoup à apprendre. Je suis plus loin, sous ce rapport, de nos savants français, que vous ne l'êtes de moi, mon enfant.

— Est-ce possible! s'écria Jeanne. Je vous trouve si savante, madame! Vous savez tout, vous m'expliquez tout ce qui m'embarrasse et j'en ai plus appris depuis deux mois que je viens chez vous que durant mes sept années de classe. Tenez, madame, voulez-vous que je vous dise tout ce que vous m'avez raconté depuis que je viens ici, et les bonnes leçons que vous m'avez données?

— Vous ne le pourriez pas, Jeanne, dit en riant Mme Réal, d'abord ce serait peut-être un peu long et puis vous n'avez sans doute pas assez bonne mémoire.

— Mais aussi, dit Jeanne, pour aider ma mémoire, j'ai ceci.

Le carnet de Jeanne. — Elle tira de sa poche un petit carnet qu'elle tendit à la jeune femme.

— Tous les soirs avant de me coucher, j'écris là-dessus (fig. 85) ce que j'ai appris ou pensé de plus important pendant le jour. Vos conseils, vos recommandations s'y trouvent et, les jours où je ne viens pas chez vous, je me plais à relire tout cela. Il me semble que c'est encore être un peu auprès de vous. Ainsi, ce soir, j'inscrirai ce que vous m'avez dit de la gravure sur bois.

Fig. 85. — Tous les soirs avant de me coucher, j'écris sur un carnet...

Mᵐᵉ Réal fut très touchée et même un peu émue de ce procédé et de ces paroles de Jeanne. Elle comprit que Jeanne était vraiment une fille honnête, intelligente et affectueuse. Elle s'applaudit de l'avoir rencontrée et d'avoir eu la possibilité de lui faire quelque bien. Elle aurait bien volontiers lu d'un bout à l'autre le carnet de la jeune fille. Mais elle craignit d'être indiscrète et elle le lui rendit.

Quant à nous, qui lisons l'histoire de Jeanne et qui voulons la connaître de notre mieux, jetons un coup d'œil sur ce carnet.

CHAPITRE XIV

QUELQUES PAGES DU CARNET DE JEANNE

Le raccommodage. — Monuments et hommes célèbres. — Aujourd'hui Mme Réal m'a donné une bonne leçon de raccommodage. Je ne savais pas **remmailler les bas**, je les raccommodais simplement à l'aide d'une reprise,

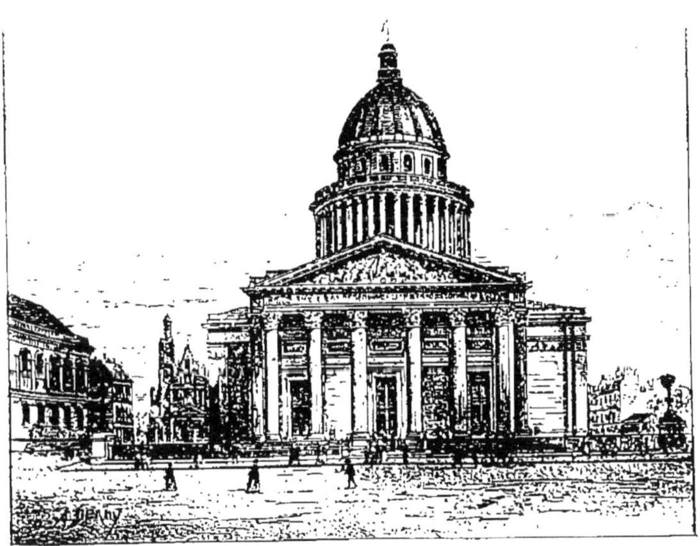

Fig. 86. — Le Panthéon.

ce qui était très laid. Maintenant que je sais les remmailler je ne les raccommoderai jamais autrement. Comme cette dame est bonne et comme je l'aime!

. . . .

Travail a l'aiguillle : **Remmaillage**. — Le remmaillage (fig. 87) est un procédé de réparation employé pour les bas tricotés dont on veut remplacer les pieds usés par des pieds neufs. Pour cela, on défile les deux côtés de tricot que l'on veut rapprocher, jusqu'à

... J'ai demandé à Mme Réal comment s'appelait le grand édifice dont j'apercevais le dôme au-dessus des maisons, en

Fig. 88. — Le Luxembourg à la fin du xviie siècle. (Vu des jardins.)

face de moi. Elle m'a dit que c'était le **Panthéon**, élevé à la mémoire des grands hommes et où reposent les restes

---

ce que le tricot soit tout à fait bon et les mailles bien visibles. On peut enfiler celles-ci, provisoirement sur fil de couleur diffé-

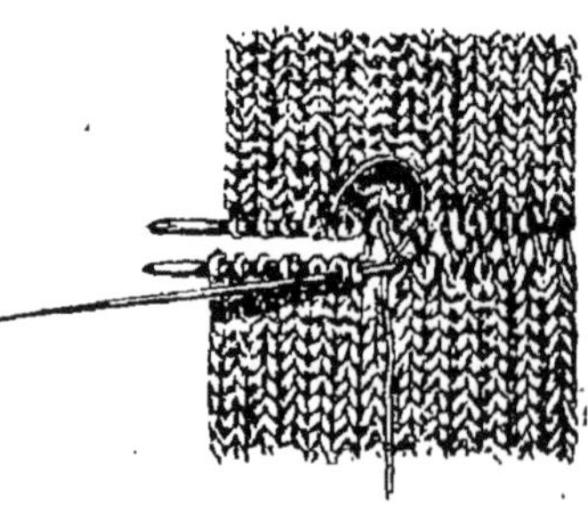

Fig. 87. — Remmaillage.

rente de manière à ce qu'on le voie bien lorsque ensuite on voudra le retirer.

Alors on enfile une grosse aiguille avec du fil ou du coton de même grosseur et de même couleur, si c'est possible, que le tricot. On pique l'aiguille dans les deux premières mailles d'un côté, et l'on revient prendre sur l'aiguille les deux mailles correspondantes de l'autre côté; on continue ainsi jusqu'à la fin en ayant soin de piquer toujours l'aiguille dans la dernière maille du point précédent qui devient la première de celui qu'on fait.

MONUMENTS HISTORIQUES : **Panthéon**. — Le Panthéon est un des plus beaux édifices de Paris. Il a été élevé en 1757 par le roi

de plusieurs d'entre eux (fig. 86). Par la même occasion elle m'a parlé de plusieurs savants dont les noms ont été donnés à des rues et à des places de ce quartier : Gay-

Fig. 89. — Le Louvre (Vu du quai).

Lussac *, Claude Bernard *, Michelet *, Herschell *, Buffon *, et bien d'autres encore. Elle m'a raconté toute l'histoire du **Luxembourg** (fig. 88), bâti pour la reine Marie de Médicis ; elle m'a parlé du **Louvre** (fig. 89) et des Tuileries *. Un de ces

---

Louis XV pour remplacer l'église Sainte-Geneviève qui menaçait ruine. Les travaux furent dirigés par l'architecte *Soufflot*. En 1791, à l'occasion de la mort de Mirabeau, l'Assemblée Constituante décida que l'église Sainte-Geneviève serait destinée à recevoir la dépouille des grands hommes et l'on inscrivit sur le fronton, en lettres de bronze, ces mots qu'on y voit encore : *Aux grands hommes, la patrie reconnaissante. — Victor Hugo* est celui qui y a été le plus récemment inhumé (1885).

Luxembourg. — Le Luxembourg fut construit par la reine *Marie de Médicis* en 1615, sur l'emplacement de l'hôtel de Luxembourg. *Jacques Debrosse* en fut l'architecte. Les jardins qui entourent cet édifice sont très remarquables. Aujourd'hui, c'est dans ce palais que siège le *Sénat*.

Louvre. — Après avoir été, au viii° siècle, un simple endroit de rendez-vous pour la chasse, le **Louvre** devint une forteresse et plus tard un palais où habitèrent les rois. Le vieux Louvre qui fut bâti sous *Philippe-Auguste* a disparu. Celui qui

dimanches, Mme Boursault et moi nous irons visiter le musée du Louvre...

. . . .

... Comme Mme Réal est bonne pour moi ! Elle m'a vue triste aujourd'hui et a voulu savoir ce que j'avais. Je lui ai dit que de temps en temps cela me prenait ainsi, que je regrettais mon cher Périgord, mes parents bien-aimés, et que j'étais inquiète de mon pauvre Pierre qui est au Tonkin. Elle m'a dit beaucoup de bonnes choses, m'a encouragée à la persévérance et m'a promis de chercher à me placer dans quelque sérieuse maison de couture. Quelle bonne et véritable amie elle est pour moi !

. . . .

Il ne faut pas négliger de s'instruire. — Mme Réal m'engage beaucoup à suivre les **cours du soir** qui se font dans les mairies. Ces cours sont destinés aux personnes qui désirent compléter leur instruction. Elle me dit que l'instruction est toujours utile, quelle que soit la carrière que l'on suive, parce qu'on ne sait jamais ce que l'avenir réserve et qu'il ne faut pas être au-dessous des

---

existe aujourd'hui a été bâti en différentes fois par tous les souverains qui se sont succédé depuis François Ier. On admire surtout la colonnade qui se trouve sur une des façades et dont *Claude Perrault* fournit le dessin à Louis XIV. Ce palais est l'un des plus beaux de l'Europe.

LEÇON DE CHOSES : **Cours du soir.** — Dans presque toutes les villes et dans toutes les grandes villes, on a établi des *Cours du soir* destinés aux jeunes gens et aux jeunes filles qui ont quitté l'école et aux adultes qui veulent compléter leur instruction. C'est généralement dans les classes de l'école primaire ou dans une salle de la mairie que se donnent ces leçons.

Partout elles sont très suivies. On y enseigne *tout ce qui s'apprend à l'école*, plus quelques autres matières très utiles à connaître : la *comptabilité*, la *musique*, le *dessin*, les *langues étrangères*, la *coupe* et la *confection des vêtements*, etc. — Les jeunes filles et les jeunes gens qui ont achevé leurs études doivent être persuadés qu'ils ont encore beaucoup à apprendre et qu'ils ne sauraient mieux employer leurs soirées d'hiver qu'en allant écouter les leçons d'un professeur et se perfectionner dans ce qu'ils ont appris. Tôt ou tard ils recueillent le bénéfice de ces études supplémentaires.

positions qui peuvent se présenter. Elle me dit : « Si vous trouviez à entrer dans quelque grande maison et qu'au bout d'un certain nombre d'années, on voulût vous donner un emploi supérieur, que feriez-vous sans instruction? Vous seriez obligée de refuser l'emploi, faute d'avoir une bonne écriture, ou de bien savoir l'orthographe, ou parce que vous ne calculeriez pas assez vite. Préparez-vous donc pour l'avenir pendant que vous le pouvez...

. . . .

Mᵐᵉ Réal m'a adressée à une dame professeur de coupe afin qu'elle me donne quelques leçons en échange de journées de couture. J'ai commencé hier. Cela m'intéresse beaucoup et je sens que, grâce à ces leçons, je me perfectionnerai vite dans mon métier.

. . . .

..... J'ai fait comme Mᵐᵉ Réal me l'a conseillé et je m'en trouve très bien. Je vais au cours du soir où j'apprends la comptabilité, l'écriture, l'arithmétique, l'orthographe. Cela m'occupe aussi les jours où je ne vais pas chez elle et me fait trouver le temps moins long.

. . . .

... Aujourd'hui Mᵐᵉ Réal m'a expliqué comment on pouvait lire la **musique** imprimée sur le papier comme on lit

---

Leçon de choses : **Musique.** — La musique est l'art de combiner les sons d'une manière agréable à l'oreille. La musique chantée est appelée musique *vocale* (de *voix*) par opposition à la musique *instrumentale*, produite à l'aide d'instruments.

L'invention de la musique a été attribuée, dans l'antiquité, à une foule de personnages. Chez les Grecs, le dieu de la Musique était *Apollon*, et on disait que le dieu *Pan* avait inventé le premier instrument de musique, une flûte à sept tuyaux.

La musique religieuse a été connue de toute antiquité, et, chez nous, jusqu'au xıᵉ siècle, il n'y en eut guère d'autre. Mais, à cette époque, l'invention de la *gamme* par le bénédictin *Gui d'Arezzo*, donna naissance à la musique moderne.

En France, on ne cite pas de musicien célèbre avant *Lulli* et *Rameau* (xvıɪᵉ et xvıɪɪᵉ siècles). Vinrent ensuite *Monsigny*, *Méhul*, *Boïeldieu*, *Hérold*, *Auber*, *Adam*, *Halévy*, *Félicien David*, *Gounod*, etc... Jamais la musique n'a été autant cultivée en France qu'elle l'est aujourd'hui.

dans un livre. J'étais très intriguée de la voir jouer du piano sans regarder ses doigts et les yeux fixés sur le papier couvert de petits signes noirs.

. . . .

Ne cherchons jamais à connaître l'avenir. — ... J'ai rencontré ce matin, dans la rue, une femme qui m'a proposé de me dire ma *bonne aventure*, c'est-à-dire mon avenir en le lisant dans les **cartes**. Par curiosité, je l'aurais peut-être suivie, car je me demandais comment elle pourrait bien faire. Mais j'ai pensé à Mme Réal et auparavant

---

Leçon de choses : **Cartes**. — Il y a plusieurs espèces de cartes : les *cartes géographiques*, les *cartes astronomiques* ou cartes célestes qui représentent le ciel et les étoiles ; les *cartes à jouer* qui sont des cartons peints de diverses figures et dont la fabrication est réservée à l'État.

Pour fabriquer les **cartes à jouer**, on emploie trois sortes de papiers superposés. Les différentes figures sont peintes sur l'un de ces trois papiers, mais l'impression des têtes (rois, dames, valets) ne se fait qu'à l'imprimerie nationale et pour le compte de la régie. L'enluminure des autres cartes se fait chez les fabricants, à l'aide de patrons découpés et avec des couleurs à la gomme. L'enluminure achevée, les cartons sont séchés avec soin, puis passés au savon, ce qui leur donne du brillant et leur permet de glisser facilement les uns sur les autres. On les met ensuite sous une presse pour les redresser, on les taille pour les égaliser et on les assemble par paquets.

Les jeux entiers ont 52 cartes ; les autres jeux 32. — C'est à Paris et à Nancy qu'on fabrique le plus de cartes. On en consomme en France pour plus de 2 millions de francs et on en envoie à l'étranger pour une somme égale. Chaque jeu de cartes paie à l'État un droit de 25 centimes. Celui qui vend des cartes sans y être autorisé est passible d'une amende de 1 000 à 3 000 francs.

Les cartes ont été inventées, dit-on, par *Jacquemin Gringonneur*, peintre du xive siècle. Elles reçurent, sous Charles VII, les noms qu'elles portent aujourd'hui. On supposa qu'elles représentaient le roi, les princes, les princesses de la famille royale, et de vaillants capitaines du temps.

L'art de tirer les cartes, ou de lire l'avenir dans les cartes, est une duperie à laquelle il ne faut pas se laisser prendre. Il n'y a aucune raison de croire que les cartes, plutôt que n'importe quelles autres figures, peuvent aider à connaître l'avenir. C'est commettre à la fois une faute et une grande sottise que de se laisser convaincre par des procédés d'aussi grossière superstition.

j'ai voulu la consulter. L'offre de cette femme a paru la contrarier beaucoup.

« — Jeanne, m'a-t-elle dit, souvenez-vous bien qu'il ne
« faut jamais vous arrêter à de semblables propositions.
« La plupart des femmes qui font ce métier ne sont point
« honnêtes, car c'est voler l'argent des personnes crédules
« que de les entraîner dans de pareilles sottises. Ce sont là
« de tristes métiers, tout à fait méprisables et que ces per-
« sonnes-là n'osent même pas avouer hautement. Par ce
« moyen, elles entraînent souvent les jeunes filles à com-
« mettre de mauvaises actions. La police le sait et les sur-
« veille de très près. Et puis, ma chère enfant, qui peut
« connaître l'avenir? Nul ne le sait en ce monde, car Dieu
« seul en est le maître. Du reste, il est bien heureux que
« nous ne puissions le connaître, car si nous avions les
« moyens de le découvrir, et que nous puissions apercevoir
« les tristesses qu'il nous réserve nécessairement, nous
« n'aurions plus le courage d'aller jusqu'au bout de notre
« vie. Notre force s'en irait avec notre espérance. »

J'ai bien retenu cette dernière pensée que j'ai trouvée fort belle, et je me suis promis de m'en souvenir toujours.

On le voit, Mme Réal était vraiment une bien bonne amie pour Jeanne. Elle cultivait à la fois son intelligence et son cœur, remplissant ce double rôle de mère et d'institutrice comme si Jeanne lui eût été spécialement recommandée.

Jeanne écrit souvent à ses parents. — Cependant Jeanne n'oubliait pas Nanteuil pas plus que Nanteuil ne l'oubliait, et j'entends ici par Nanteuil ses parents, son père et sa grand'mère, qui s'habituaient tant bien que mal à la savoir loin d'eux.

Ainsi sont les pères et les mères : ils savent se résigner, souffrir sans se plaindre, ne pas même laisser paraître de chagrin pour ne pas affliger leurs enfants.

Ah! la poste ne chômait guère entre Nanteuil et Paris! Chaque semaine, Jeanne donnait de ses nouvelles, chaque mois elle en recevait de son père qui lui écrivait de bonnes et longues lettres dans lesquelles il la tenait au courant de tout. C'est ainsi qu'elle apprit que Martine, toujours sérieuse et sage depuis la mort de la Rousselotte, avait quitté l'atelier de Marthe Dubois et était venue s'établir à Nanteuil. Mais elle était trop jeune pour demeurer seule et grand'mère Bernard, ne consultant que son cœur, l'avait prise chez elle, pour longtemps sans doute, jusqu'au moment où quelque brave garçon la demanderait en mariage.

On avait de bonnes nouvelles de Pierre. Et pourtant c'était, disait-il dans ses lettres, un bien mauvais pays

---

Leçon de choses : **Tonkin**. — Le Tonkin est une des possessions *indo-chinoises* sur lesquelles nous avons établi notre protectorat. Le Tonkin est une région bornée par l'Annam, le golfe du Tonkin et l'empire chinois (fig. 90). Elle est arrosée par un grand nombre de cours d'eau dont le principal est le *Song-Koï*. Sa capitale est *Hanoï*, où siège le gouvernement.

Le Tonkin n'est à peu près pacifié que depuis les traités de 1885 et 1887. Mais la lutte continue encore contre les bandes chinoises qui passent sans cesse la frontière, se liguant avec les insurgés indigènes, les pillards et les pirates contre nous. C'est dans notre lutte contre eux que sont morts le commandant *Rivière*, l'amiral *Courbet*, le jeune

Fig. 90. — Monument tonkinois.

sergent *Bobillot*, ainsi qu'une foule de vaillants officiers et soldats.

Le climat du Tonkin est insalubre. Cette insalubrité est due à l'humidité du sol et à la chaleur torride qui engendrent des

que le **Tonkin**, pire encore que le Sénégal et où il faisait
dur *garantir sa peau*, comme il disait, contre les maladies endémiques* et les pirates*.

Les récoltes étaient bonnes. Le phylloxera ne faisait
pas de progrès, grâce aux remèdes énergiques employés
contre lui.

Enfin papa Bernard et grand'mère allaient bien, surtout depuis la présence auprès d'eux de cette chère petite
Martine qui, au dire de Bernard, était aussi vaillante et
aussi sérieuse qu'elle avait été étourdie et légère autrefois.

De son côté, Jeanne racontait l'emploi de ses journées,
tantôt chez Mme Réal, tantôt chez sa maîtresse de coupe;
elle disait le plaisir qu'elle avait à suivre les cours du
soir et les espérances qu'elle concevait pour l'avenir.

Et, dans toutes ses lettres, on sentait qu'elle se con-
tenait, elle aussi, pour ne pas laisser voir à ses chers
parents le chagrin qu'elle avait d'être séparée d'eux.

Sa vie s'arrangeait petit à petit. Elle gagnait peu et
cependant elle mettait chaque semaine quelque argent
de côté. Au bout de cinq mois, elle avait économisé
près de 50 francs, tous frais payés soit à Mme Boursault,
son hôtesse, soit au cordonnier et à la blanchisseuse
dont elle ne pouvait malheureusement pas se passer.

Le jour où elle se vit cette petite somme entre les
mains, elle fut très contente. Elle en parla à Mme Réal
qui lui conseilla de prendre un livret de caisse d'épargne postale, si commode pour les petites économies, ce
que Jeanne fit aussitôt. De la sorte, son argent fut en
sûreté et lui rapportait encore quelque intérêt. Elle
regardait maintenant l'avenir d'un œil plus tranquille : il lui tardait non seulement de se suffire à elle-

---

fièvres intermittentes, des maladies de peau, le choléra*, la
dysenterie, etc.

Les principales productions de ce pays sont le riz, la volaille,
les porcs.

même, mais encore de pouvoir de temps en temps envoyer au pays, à ses chers parents, tantôt ceci, tantôt cela, chose qu'elle n'avait pu faire jusqu'ici ; car Jeanne était reconnaissante et elle sentait bien que la reconnaissance se prouve mieux encore par des actes que par des paroles.

Une circonstance inattendue allait lui permettre d'augmenter son gain et de faire du bien à une famille du voisinage.

CHAPITRE XV

LE MÉNAGE DUPONT

Une voisine. — Depuis quelque temps, une repasseuse de la rue du Val-de-Grâce, Mme Dupont (fig. 91), cherchait une ouvrière pouvant venir l'aider à raccommoder les vêtements de ses deux garçons, qui lui donnaient tout le mal possible à entretenir et à soigner.

On lui parla de Jeanne, et c'est ainsi qu'elle apprit que cette jeune fille si simple, si polie, de si bonne tenue, qui, chaque semaine lui apportait son petit paquet à blanchir, était une ouvrière à la journée.

FIG. 91. — Mme Dupont.

Jeanne lui avait déjà plu ; elle lui plut davantage

quand elle eut causé cinq minutes avec elle. Mme Dupont demanda à Jeanne deux journées par semaine, ce qui, avec les journées de Mme Réal et celles de la maîtresse de coupe, donna à Jeanne de l'occupation pour ses six jours. Dès le surlendemain de sa première conversation avec la repasseuse, Jeanne commença à travailler chez elle.

Elle vit tout de suite que Mme Dupont était bonne, très ronde de manières, mais que son éducation avait dû être fort négligée. Elle était mauvaise femme de ménage, ses enfants n'étaient pas toujours propres, mais elle était d'une activité surprenante dans sa profession, et elle y gagnait pas mal d'argent ce qui, disait-elle, pouvait lui faire tout pardonner.

Son mari était **plombier-zingueur**, un dur métier qui demande de l'adresse et un certain courage (fig. 92).

Leçon de choses : **Plombier-Zingueur, Plomb** et **Zinc.** — L'ouvrier qui travaille le plomb et le zinc est appelé **plombier-zingueur** ou simplement **plombier.**

Le **plomb** est un métal d'un blanc bleuâtre, très brillant lorsqu'il est récemment coupé, mais si mou qu'on peut le rayer d'un coup d'ongle. Il peut se réduire en feuilles et fils très minces. Il n'offre pas une grande résistance. Il se ternit rapidement à l'air et se couvre d'une mince couche blanche qui est l'oxyde de plomb, poison violent.

Avec le plomb, on fait des *tuyaux de conduite*, des *gouttières*, des *réservoirs* et des *couvertures de maisons*. Il faut se garder de boire l'eau qui a séjourné dans des tuyaux de plomb; elle peut être très dangereuse pour la santé.

C'est avec le plomb qu'on fabrique les *balles de fusil* et le *plomb de chasse*. On l'emploie aussi pour souder les métaux entre eux.

Le **zinc** a à peu près la même apparence que le plomb, mais il est bien moins lourd et plus dur. On ne le trouve dans la nature que combiné avec d'autres métaux; il n'y a pas, en effet, de mines de zinc, comme il y a des mines de plomb, de fer, d'or ou d'argent.

En alliant le zinc au cuivre, on fait du **laiton.** Quand il est seul, on l'emploie, comme le plomb, pour couvrir des maisons, faire des gouttières, des tuyaux de toutes sortes, des baignoires,

Toujours sur les toitures à étendre de larges feuilles de zinc, le long des gouttières ou des conduites d'eau, sous le soleil ou la pluie, c'est une pénible besogne, et Dupont y excellait, paraît-il.

Fig. 92. — Dupont était plombier-zingueur.

Ils avaient trois enfants : deux garçons, Louis et Jules, âgés de huit ans et de cinq ans, et une toute petite fille, Claire, qui avait deux ans à peine.

L'ordre fait défaut dans le ménage Dupont. — Il ne fallut pas longtemps à Jeanne pour s'apercevoir que, malgré l'argent qui apportait l'aisance, malgré la

des seaux. Les toitures en zinc sont meilleur marché que celles de plomb.

Lorsque le zinc est attaqué par un acide, il forme des *sels* qui varient suivant l'acide employé, mais qui sont tous des poisons. On ne peut l'employer pour l'étamage des ustensiles de cuisine On se sert pour cela de l'étain.

santé qui était pour tous florissante, la joie n'habitait pas la maison de Mme Dupont.

Mais Jeanne était trop discrète, trop prudente, pour hasarder une question curieuse. Mme Dupont avait-elle les yeux rouges, était-elle impatiente, agacée, ou triste à fendre l'âme, ou silencieuse, ou bavarde, Jeanne feignait de ne rien voir, arrivait à l'heure, s'installait, tirait l'aiguille tout le jour, laissant causer entre elles l'ouvrière et l'apprentie de Mme Dupont, et gardant pour elle ses remarques et ses observations.

Cependant un soir, les ouvrières étant parties et Dupont tardant à rentrer, la conversation s'établit entre la repasseuse et la jeune fille d'une façon plus cordiale et plus familière qu'il n'en avait été jusque-là.

Mme Dupont était nerveuse et agitée, elle allait de la porte à la cuisine, où le couvert était mis, et de la cuisine à la porte, regardant au loin, dans la rue, si Dupont arrivait (fig. 93).

Fig. 93. — Mme Dupont regardant au loin, dans la rue, si Dupont arrivait.

Les deux garçons s'amusaient sur le trottoir et la petite Claire dormait dans son berceau.

— Oh! que je suis inquiète! fit tout à coup Mme Dupont, d'une voix entrecoupée par l'émotion.

Elle se tut comme attendant une réponse de Jeanne.

Mais celle-ci répondit par une interrogation.

— Et pourquoi donc? chère madame, dit-elle avec douceur.

Confidences de Mme Dupont. — On sentait bien que ce n'était pas la curiosité qui dictait ses paroles, tant sa voix était affectueuse et son regard attristé en parlant ainsi.

— Ah! oui... dit Mme Dupont comme se parlant à elle-même, oui... c'est vrai, vous ne savez pas....

Fig. 94. — Dupont rentre plus d'une fois en titubant.

Et brusquement, se laissant tomber sur une chaise, elle éclata en sanglots.

Jeanne était bien embarrassée. Elle ne connaissait pas assez Mme Dupont pour être familière avec elle et cependant, en face de ce chagrin, elle n'avait pas le cœur de rester muette. Aussi disait-elle des mots qui n'avaient guère de suite :

— Allons... Allons... Voyons, ce n'est rien, allons... consolez-vous.... Vous êtes peut-être souffrante? dites? allons... allons...

Mais sa fraîche voix de jeune fille se perdait dans les lourds éclats de pleurs de la pauvre femme. Et Jeanne était bien triste, bien triste.

— Allons... Allons, continua-t-elle, ne vous inquiétez pas. Vous allez voir que votre mari sera bientôt là.

Ces mots provoquèrent l'explosion du chagrin de la repasseuse.

— Bientôt là!... dit-elle à travers ses larmes, est-ce que je le sais, moi! Ah! mademoiselle Jeanne, vous êtes bonne et sérieuse, à vous on peut tout confier, eh bien! sachez que je suis malheureuse, que mon mari déserte la maison depuis quelque temps, qu'il passe ses soirées et ses dimanches à boire ou à jouer et qu'il rentre plus d'une fois titubant (fig. 94) et ne sachant plus ce qu'il dit. Ah! mon Dieu! mon Dieu! pourquoi est-il comme cela à présent, lui qui était si bien, si bon, si rangé autrefois!...

Et la pauvre Mme Dupont, inquiète et pleurante, se leva pour aller encore une fois vers la porte voir si son mari rentrait.

Mais Dupont ne paraissait pas.

Bon cœur et raison de Jeanne. — Jeanne était très émue par cette confidence. Elle ne savait trop que dire. Aussi, sans chercher de phrases ou de grands mots, elle laissa parler son cœur.

— Chère madame Dupont, dit-elle, prenez courage, ne vous inquiétez pas trop, et ayez confiance. J'ai bien souvent vu au village des hommes qui buvaient un peu de temps en temps mais qui cependant étaient de bons pères de famille. Mon père disait qu'ils étaient ainsi parce qu'ils s'ennuyaient chez eux et qu'ils allaient chercher des distractions au cabaret. Aussi je me suis bien promis que, si je ne reste pas vieille fille, je rendrai le logis si agréable à mon mari qu'il ne le quittera pas pour l'auberge ou le café, je vous l'assure.

— Eh! fit tristement Mme Dupont, comment feriez-vous pour cela! Moi je perds mon temps et mes peines. Le dimanche, Dupont va avec les camarades, le soir il dit qu'il est fatigué et il va dormir. Il n'a guère le temps, vous le voyez, de savoir si la maison est ou n'est pas agréable.

— Eh bien! à votre place, moi je tâcherais de le retenir dans cette maison. Je suis sûre que vous ne le faites pas?

— Ah! vraiment non, je ne l'essaye même pas. Et puis, ajouta Mme Dupont avec découragement, je ne saurais pas.

— Vous ne sauriez pas! s'écria Jeanne en souriant. Oh! ne dites pas cela, madame Dupont. Vous avez trop bon cœur et trop d'amitié pour votre mari pour ne pas savoir lui être agréable... Tenez, voici ce que je ferais, moi, et ce que vous pourriez faire :

Les idées de Jeanne sur la tenue d'un ménage. — D'abord je congédierais régulièrement mes ouvrières tous les soirs à sept heures précises, afin que, de retour chez lui, mon mari se sentît bien en famille, sans la présence d'aucune personne étrangère. Puis j'appellerais mes enfants et je leur ferais passer une bonne inspection de propreté : « Toi tu as les mains sales, va les laver; toi tu es mal peigné, va te coiffer; toi tu as une blouse déchirée et sale,

Fig. 95. — Je préparerais ma cuisine moi-même.

va en prendre une propre »; tout cela pour le père, toujours pour le père. Il faut qu'il trouve les enfants gentils en arrivant. Bon nombre de ménages parisiens vont au restaurant d'à côté chercher leur dîner tout fait; moi je préparerais ma cuisine moi-même (fig. 95), bien au goût de mon mari, je chercherais ses préférences, je lui apprêterais parfois de petites surprises. Dès le repas fini, les enfants couchés, je m'assiérais auprès de lui et, tout en cousant ou raccommodant, je lui parlerais de son travail, de son patron, de l'emploi de sa journée, de ses projets, de ses espérances...

— Mais, interrompit Mme Dupont, je n'ai pas besoin de savoir tout cela, j'ai confiance en lui et, pourvu qu'il travaille, je ne lui demande pas autre chose... Et puis, je dois dire que tout cela ne m'intéresserait guère.

— C'est précisément là le tort que vous avez, madame Dupont. Il faut vous intéresser à tout ce qui intéresse votre mari. Faute de cela, lui non plus ne s'occupe pas de vous; alors, chacun va de son côté et bientôt le ménage est divisé en deux parties. Il n'y a que l'argent que

Fig. 96. — La promenade en famille.

l'on met en commun, mais le cœur, mais l'intelligence, tout est séparé.

— C'est bien difficile, cela, dit Mme Dupont toute pensive.

— Oui, difficile, mais non impossible, dit Jeanne.

Puis, reprenant le fil de sa démonstration :

— Le dimanche, toute la journée je la donnerais à mon mari. Je ne voudrais pas, comme je le vois faire à beaucoup de femmes d'ouvriers, employer ce jour au grand nettoyage de la maison, de telle sorte qu'on la rend inhabitable. Je ne resterais pas toute la journée en vieux jupon et en camisole, sous prétexte que je veux me reposer; mais au contraire, je me hâterais dans mon ménage de manière à disposer de quelques heures pour aller en famille faire quelque promenade (fig. 96). De la sorte, il me semble que je ne donnerais pas à mon mari l'envie d'aller là où je ne serais pas et qu'il n'aurait jamais rien à raconter aux autres puisqu'il me dirait tout.

— Oui, dit Mme Dupont, mais je gagnerais bien moins d'argent en ne veillant pas et en ne travaillant pas le dimanche.

— C'est vrai, fit Jeanne. Seulement il me semble que le bonheur ne consiste pas à gagner beaucoup d'argent. Votre mari a un bon métier, vous aussi et pourtant vous n'êtes pas heureux. Moi je crois qu'il y a des choses qui valent d'être gagnées plutôt que de

Fig. 97. — A ce moment, Dupont rentrait.

l'argent. En sacrifiant quelques heures de gain, vous achetez votre tranquillité et le bonheur de votre mari. Je trouve que cela en vaut bien la peine.

A ce moment, Dupont rentrait (fig. 97). Précisément il avait l'air de très bonne humeur. Aussi dès le repas fini, les enfants étant couchés et Jeanne partie, Mme Dupont essaya de passer la soirée comme Jeanne le lui avait conseillé. Nous verrons plus tard si la jeune fille avait eu raison.

Une bonne soirée. — Oui, Jeanne avait eu raison. Cette soirée-là fut décisive pour le ménage de la repasseuse. Depuis longtemps, Dupont n'avait causé après dîner. Ce soir-là, pendant que sa femme allait et venait, rangeant tout autour de lui, il se mit à parler de ce qu'il avait fait le jour, du chantier où il travaillait et de la cause qui avait retardé son retour.

— Mais, mon ami, dit doucement sa femme, je ne te le demande pas. Je suis bien sûre, — et sa voix hésitait un peu, — qu'une bonne raison a dû te retarder... oui, rien qu'une bonne raison.

— Certes oui, une bonne raison. Figure-toi que nous venons de commencer les travaux de plomberie d'une maison, avenue des Ternes. Elle a sept étages, et c'est rudement haut, je t'assure. Quand on est là-dessus, c'est le monde qui paraît bien petit !

Et Dupont se mit à rire bruyamment.

— Sept étages ! mon Dieu ! dit la repasseuse. Quand je pense que tu vas être grimpé là-dessus tout le jour, j'en suis malade. C'est si dangereux !

— Ah ! pour ça, oui. Et puis, tu sais ? Faudrait pas avoir bu un petit verre de trop pour monter là et garder le pied ferme. Aussi, bonsoir les camarades ! Pendant quelque temps, il n'y aura plus de Dupont chez le marchand de vin.

— Pendant quelque temps... seulement... dit l'ouvrière tristement ; mais après ?

— Oh ! après, après, nous verrons. Tout ça, vois-tu, ça dépend un peu de toi, ma femme, et si tous les soirs c'était comme ce soir je crois que j'aimerais mieux mon chez moi que la boutique au père Rogeard. Nous sommes vraiment tout à fait bien ici (fig. 98), dit Dupont en regardant autour de lui comme s'il voyait sa maison pour la première fois. Je ne sais pas comment tu t'y es prise, mais, vraiment, je me sens heureux et tranquille ce soir comme je ne l'ai pas été depuis longtemps.

L'ouvrière jeta sur son mari un long regard affectueux où on lisait le contentement, presque le bonheur.

— Ce sera comme cela tous les soirs, Dupont, dit-elle. Je sais maintenant le secret de bien des choses, et je vois que je n'ai pas toujours fait ce qu'il aurait fallu. Laisse-moi faire et tu verras.

La repasseuse avait dit vrai. De ce jour, le ménage Dupont prit un autre aspect. L'ordre, la propreté, l'économie y régnèrent. Les enfants coururent moins

Fig. 98. — Nous sommes vraiment tout à fait bien ici.....

dans la rue, et leurs chaussures s'usèrent moins vite que dans les courses vagabondes de jadis. Ils furent aussi plus dociles et plus travailleurs, car ils ne fréquentaient plus une mauvaise compagnie. Mme Dupont soignait elle-même sa cuisine, tout en surveillant ses ouvrières et en poussant le fer, et chaque soir, quand le père rentrait, c'étaient des joies, des baisers, des bonheurs toujours nouveaux.

Une bonne fée avait passé par là. Cette fée c'était Jeanne, dont le bon cœur et la raison avaient si bien conseillé l'ouvrière. Aussi, quelle amitié unissait maintenant les deux femmes !

CHAPITRE XVI

LA MAISON STEPHEN-MAUCOURT

Organisation de la maison Stephen-Maucourt. — Il existe à Paris de grandes maisons de couture et de confection pour dames qui ne ressemblent en rien à celles des couturières de province.

Là, on fabrique des costumes qui servent ensuite de modèles aux commerçants et aux couturières du monde entier (fig. 99); là encore, les clientes trouvent non seulement des robes toutes faites ou des étoffes de choix pour les établir, mais encore les chapeaux, la lingerie, la chaussure et les mille accessoires * que les

Fig. 99. — Un des salons de la maison Stephen-Maucourt.

femmes riches aiment à assortir à chacune de leurs robes.

Presque toutes ces maisons sont situées dans le plus riche quartier de la capitale, c'est-à-dire du côté de l'Opéra, des grands boulevards, de la rue de la Paix ou dans les alentours de l'église de la Madeleine *.

Elles occupent un personnel considérable, employés aux écritures, ouvrières, garçons de courses ou de recettes. Pour y entrer comme ouvrière, il faut justifier de qualités exceptionnelles, car pour s'y faire une place il faut être *sérieuse,* et par *sérieuse* on entend intelligente, travailleuse, habile et toute disposée à apporter du dévouement dans la tâche qu'on a à remplir.

Certes, notre petite Jeanne n'avait jamais envisagé la possibilité de pénétrer dans un de ces établissements si considérables.

Elle n'aurait même pas osé entrevoir cela dans ses rêves. Elle sentait bien qu'il y avait en elle de quoi faire mieux qu'une simple petite ouvrière allant en journée, mais de là à être une des plus excellentes ouvrières de Paris, attachée à une grande maison, il y avait loin, et Jeanne n'y songeait pas.

On verra cependant, par la suite de ce récit, que Jeanne se fit à Paris une place exceptionnelle.

Parmi ces établissements, qui sont une des gloires du commerce parisien, la maison Stephen-Maucourt est une des plus considérables. Sa réputation d'honnêteté scrupuleuse et de sobre élégance est universelle et lui vaut une clientèle de choix.

L'organisation de cette maison ne rappelle point, même de loin, celle des établissements similaires * de province. D'abord, l'installation : Un premier étage avec un grand balcon sur la rue de la Paix, l'une des plus belles de Paris. Quatre salons tout garnis de tapis, de glaces, de lustres, avec des divans * tout autour, de lourds rideaux et des portières * aux fenêtres et aux portes. Là sur des mannequins *, toutes sortes de robes et de manteaux servant de modèles. Sur de grandes tables, les objets de lingerie, et, sur des porte-chapeaux à pied élevé, des chapeaux de toutes façons, assortis aux robes que l'on confectionne.

Dans une grande vitrine, des ombrelles, des souliers de bal, des chaussures de jour. Dans une autre, des étoffes en pièces parmi lesquelles les clientes choisissent selon leur goût.

Mme Stephen-Maucourt, qui était propriétaire de

cette maison et la dirigeait, était une femme de trente-
cinq ans environ dont la santé avait l'air délicate,
mais dont la grande énergie suppléait à ce qui pouvait lui manquer de force physique. Elle avait deux
enfants, une fillette de dix ans et un bébé de deux ans
à peine. Elle était l'âme de sa maison (fig. 100), voyant

à tout, surveillant tout,
ne laissant échapper au-
cun détail de cette or-
ganisation considérable.
Aussi, pour suffire à une
telle tâche, il lui avait
fallu déployer des res-
sources physiques et mo-
rales si grandes que sa
santé s'en était ressentie
et qu'elle n'avait plus la
vigueur d'autrefois. Elle
avait donc pensé à créer
dans son importante mai-
son un emploi qui n'exis-
tait à cette époque dans
aucune autre, une sorte
de surveillance générale

Fig. 100. — Mme Stephen-Maucourt
était l'âme de sa maison.

exercée par une personne habile, expérimentée et d'une
probité à toute épreuve. Elle avait regardé autour d'elle
et n'avait trouvé chez aucune de ses ouvrières ce qu'elle
désirait. Les unes étaient habiles dans leur métier, mais
peu exactes ou trop peu scrupuleuses. Telles autres
étaient intelligentes, mais elles aimaient trop le plaisir
et ne se seraient pas faites à la vie de préoccupations
et de travail continuel que nécessitait cette surveillance.
Enfin certaines ne lui inspiraient qu'une médiocre confiance au point de vue de la probité, et, malgré leur
parfaite connaissance du métier, Mme Stephen-Maucourt

n'aurait pu sans danger leur confier des intérêts aussi graves que ceux dont il s'agissait.

M. Stephen-Maucourt et ses enfants. — D'autre part, M. Stephen-Maucourt, ne pouvait aider en rien sa femme dans des occupations de ce genre. Il était inspecteur d'une **Compagnie d'assurances contre l'incendie**. Il voyageait beaucoup pour aller du nord au midi de la France et de l'est à l'ouest vérifier les sinistres et, il s'était fait, dans cette partie, un certain renom qui, tout en lui faisant gagner beaucoup d'argent, le tenait presque sans cesse éloigné de chez lui.

Et, du reste, y fût-il resté, qu'il n'eût point rendu de grands services; car il n'aimait pas le commerce, disait qu'il n'y comprenait rien et qu'au surplus les métiers où l'on vend des rubans et des dentelles ne conviennent pas aux hommes.

ÉCONOMIE DOMESTIQUE : **Assurances contre l'incendie.** — Il existe des *sociétés* qui, moyennant une certaine somme payée chaque année par la personne qui *s'assure*, s'engagent à lui rembourser la valeur de ses meubles et autres objets dans le cas où son domicile serait incendié. C'est ce qu'on appelle les **Sociétés d'assurances contre l'incendie.**

La somme payée par *l'assuré* varie suivant la valeur des meubles et autres objets que son appartement ou sa maison renferme. On assure aussi bien les immeubles que les meubles et il n'y a plus aujourd'hui de propriétaire qui n'assure sa maison.

La somme payée par l'assuré se nomme *prime*. Dans quelques compagnies, l'usage est de ne pas faire payer la prime la première année où l'on s'assure.

On peut encore assurer les récoltes contre la grêle, les chevaux et les voitures contre les accidents, les bateaux contre les naufrages.

Le patron d'un atelier où se pratiquent des travaux dangereux assure ses ouvriers contre les accidents. On peut s'assurer soi-même *sur la vie*, c'est-à-dire qu'en versant chaque année à une société d'assurances sur la vie une certaine somme, on possède, à un certain âge, un capital payé par cette société.

Tous ces genres d'assurances rendent les plus grands services, mais il n'en est pas de plus utile que l'assurance contre l'incendie.

Il était excellent père de famille et très bon mari, donnant à son chez-lui tout le temps qu'il passait à Paris, n'allant jamais au café et ne sortant point sans sa femme.

Ses deux enfants, Lucie et Georges, l'adoraient (fig. 101). C'était fête à la maison quand papa n'était pas en voyage et c'était plaisir de voir l'un jouer avec son père comme avec un camarade, l'autre se faire câliner par lui ou l'entourer des mille prévenances qu'une fillette de dix ans peut avoir pour quelqu'un qu'elle aime.

Lucie et le petit Georges avaient une gouvernante-institutrice, femme pleine de raison et de bon sens qui remplaçait auprès

Fig. 101. — Ses deux enfants, Lucie et Georges, l'adoraient.

d'eux leur mère, si absorbée dans son commerce. Elle se nommait Mlle Besson. Elle avait quarante-cinq ans, une physionomie très douce, une agréable humeur. Lucie l'aimait bien, mais le tout petit Georges ne s'habituait pas à ses cheveux blancs et à son visage fatigué par les chagrins. Car Mlle Besson avait été jadis riche et heureuse, et à vingt ans, elle s'était trouvée orpheline, ruinée par les spéculations de son père. Il lui avait fallu songer à se créer des ressources et elle était partie pour la Russie, où elle s'était placée comme dame de compagnie dans une famille immensément riche. Elle y était restée quinze ans et, depuis cinq ans, elle était entrée chez Mme Stephen-Maucourt pour s'occuper de Lucie qui était alors toute petite.

Il ne faut pas s'étonner qu'avec tant de charges et de responsabilités, Mme Stephen cherchât une personne qui pût l'aider et sur laquelle elle pût entièrement se reposer.

Mme Réal s'occupe de Jeanne. — Un beau jour, Mme Réal, qui aimait toujours beaucoup notre petite Jeanne et ne l'oubliait pas, fut prise d'une idée subite.

Elle pensa : « Il est impossible que cette enfant demeure ainsi éternellement auprès de cette vieille Mme Boursault qui ne peut rien pour elle que lui trouver par-ci par-là quelques journées. Mais le sort de l'ouvrière en journée est précaire *, incertain... Aujourd'hui elle est occupée, demain elle ne l'est plus... Il faut qu'elle fasse autre chose. Jeanne est fort intelligente, elle est honnête, elle aime le travail. Quand on réunit ces trois conditions, on peut arriver très loin... Je vais aller voir mon ancienne amie de pension, Mme Stephen-Maucourt, et lui recommander ma protégée. Ce n'est pas que j'espère lui voir accepter Jeanne... Il faut en savoir si long et être si habile pour entrer là !... Mais enfin elle est en rapport avec tant de gens, elle emploie un si nombreux personnel, qu'elle pourra peut-être recommander ma petite Jeanne à quelque maison inférieure à la sienne... Et puis elle me donnera peut-être de bons conseils à ce sujet. »

Aussitôt dit, aussitôt fait, Mme Réal s'habilla et partit.

Cela se passait un mois environ après les incidents que nous avons mentionnés dans les chapitres précédents et qui avaient amené la réforme totale du ménage des Dupont.

Une heure après, Mme Réal était assise dans un petit salon). fig 102) coquettement meublé, rue de la Paix, et elle causait avec son amie qui l'avait reçue avec une bonne grâce parfaite.

— Mon Dieu, ma chère Élise, disait Mme Réal, comme je vous trouve fatiguée! Vous travaillez trop, vous n'êtes pas raisonnable, il faut vous reposer.

— Me reposer! dit Mme Stephen en riant, et le pourrais-je? Tenez, ma chère, fit-elle en se dirigeant vers

Fig. 102. — Mme Réal était assise dans un petit salon et causait avec son amie.

la porte qu'elle ouvrit, regardez... Croyez-vous qu'on puisse se reposer, avec cela?

Mme Réal allongea la tête et vit, en effet, dans les salons voisins, des allées et des venues de clientes qui se succédaient sans interruption (fig. 103); des fournisseurs qui apportaient des ballots d'étoffes; des employés qui partaient ou revenaient avec de grandes boîtes où étaient renfermés des costumes; des placiers * qui offraient leur marchandise : fleurs, plumes, dentelles ou rubans. Puis c'étaient des appels :

Leçon de choses : **Fleurs artificielles :** L'industrie des fleurs artificielles, des plumes préparées pour la toilette est une

« — Mademoiselle Julie, appelez l'essayeuse.

« — Mademoiselle Mœuriot, où avez-vous placé le manteau de Mᵐᵉ de Préval?

« — Pierre, puisque vous allez en courses, n'oubliez pas le chapeau de Mᵐᵉ Dulaure. »

Et les clientes qu'on reconduisait avec des sourires, et celles qu'on introduisait en les priant d'attendre, « Mᵐᵉ Stephen étant fort occupée en ce moment », et celles qui étaient mécontentes, et qu'il fallait apaiser avec de gracieuses paroles, comme cela, par exemple : « Nous sommes désolés de ce contre temps, croyez-le bien, madame,

Fig. 103. — Les allées et venues des clients et employés de la maison Stephen-Maucourt.

nous allons faire les retouches nécessaires et si ce vêtement ne va pas, on vous en fera un autre aussitôt,

---

des branches les plus florissantes du commerce français et surtout parisien.

Les fleurs artificielles se font en *papier,* en *batiste* et en *soie.* Ces dernières sont toujours très chères et elles n'ont jamais la légèreté et la transparence des fleurs en batiste, par conséquent elles imitent moins bien la nature.

Pour faire les fleurs, deux outils seulement sont nécessaires : 1º une *pince* pour saisir les pétales, les contourner, les disposer autour du calice ; les doigts seraient trop gros et trop lourds pour exécuter ce travail avec la délicatesse nécessaire ; 2º un *outil-boule,* tige de fer terminée par une boule en fer poli, qui sert à arrondir et à gaufrer les pétales. Quant aux fournitures,

et vous l'aurez dans les vingt-quatre heures, nous vous l'assurons. Nous ferons tout pour vous faire oublier ce petit ennui, etc... etc... »

L'œil du maître. — En effet, dit Mme Réal, tandis que Mme Stephen refermait la porte, je comprends que l'œil du maître est nécessaire ici et que, si vous voulez bien remplir votre tâche, vous devez avoir fort à faire.

---

ce sont : 1º du *papier de riz* de diverses couleurs pour les fleurs en papier, de la batiste également de diverses couleurs, ou de la soie, ou du velours, suivant les fleurs que l'on veut faire. On découpe dans le papier ou dans l'étoffe les pétales des fleurs et on les dispose ensuite après les avoir gaufrés, roulés avec les doigts ou l'outil-boule. Les fleuristes peu habiles achètent des pétales tout découpés qu'on leur vend par boîtes et pour chaque espèce de fleurs ; 2º du *fil de fer* extrêmement fin et souple dont on se sert pour faire les tiges. Aujourd'hui, les tiges sont faites avec un fin tuyau de caoutchouc vert, verdâtre ou brun, dans lequel est placé le fil de fer. Les tiges sont ainsi beaucoup plus souples et plus solides que celles en fil de fer recouvert de papier ; 3º les *feuilles, étamines, cœur, calice, pistil, boutons* sont préparés par des fabricants spéciaux et on les achète par boîtes ou paquets ; 4º *un peu de gomme arabique* dissoute dans l'eau et *un petit pinceau* très léger sont encore nécessaires pour réunir entre elles les diverses parties des fleurs.

Paris a le monopole des plus belles fleurs artificielles. L'Allemagne lui a fait, ces dernières années, une concurrence sérieuse, car ses produits sont bien meilleur marché que ceux de fabrication parisienne ; mais elle ne donne que des fleurs ordinaires, tandis que Paris est sans rival pour la fleur simple et élégante imitant à s'y méprendre la nature.

Leçon de choses : **Plumes :** L'industrie tire un grand parti des **plumes des oiseaux.** Les plus fines, ou *duvet*, garnissent des oreillers, des coussins et des espèces de matelas appelés *lits de plumes.* Les plumes d'oie ont longtemps servi à faire des plumes à écrire, mais, depuis l'invention des plumes métalliques, les plumes d'oie ont été généralement abandonnées. Celles qui servent à orner les chapeaux sont les plumes d'autruche, de vautour, de coq, de paon, de colibri, etc... et bien d'autres moins belles. Ces dernières sont disposées de manière à simuler des oiseaux entiers, ou des têtes, ou des ailes ; c'est ce que, dans le commerce du *plumassier*, on appelle des *fantaisies.* Quant aux *panaches*, ils peuvent être composés soit d'une seule longue et belle plume d'autruche, teinte en une couleur

Savez-vous qu'il est effrayant, ce rôle que vous avez?

— Oh! effrayant, non, répondit Mme Stephen en souriant. La direction et la surveillance de ma maison ne m'effrayent point. Mais il y a des jours où je me sens si fatiguée, si fatiguée que je me demande comment tout cela finira... Et, c'est incroyable, mais parmi toutes ces ouvrières, ces demoiselles de magasin, vendeuses ou employées, je n'en ai pas rencontré une de laquelle je puisse me dire : « Voilà celle qui sera mon second moi-même. » Je cherche et je ne trouve pas.

— Ah! fit Mme Réal, quel dommage que ma petite Jeanne n'ait pas dix ans de plus et qu'elle n'ait pas été formée à votre école!...

— De quelle petite Jeanne parlez-vous?

— D'une jeune fille de vingt ans venue de province il y a un an à peu près et que j'ai employée chez moi comme ouvrière à la journée. Je lui ai trouvé tant de qualités sérieuses que je me suis fort attachée à elle et que je lui cherche à présent une place d'ouvrière en couture dans quelque bonne maison..... Oh! pas comme chez vous! ajouta en souriant Mme Réal, Jeanne n'en sait pas encore assez pour travailler à d'aussi belles choses, mais dans une petite maison comme il faut, où elle sera convenablement payée et où on l'estimera ce qu'elle vaut. N'en connaîtriez-vous point?

Pendant que Mme Réal parlait ainsi, Mme Stephen était toute pensive. Tout à coup elle dit :

---

quelconque ou préparée de façon à être parfaitement blanche, soit de deux ou trois courtes plumes, appliquées les unes sur les autres et rattachées en dessous à l'aide d'un fil de fer très fin, ce qui donne l'apparence d'une seule très longue plume. La grande plume unique est toujours chère, les panaches formés de plusieurs plumes sont beaucoup meilleur marché. — Les *aigrettes* se font avec les plumes de héron. Les plumes se teignent et se remettent à neuf parfaitement bien. C'est pourquoi cet ornement quoique plus cher que la fleur, finit par devenir moins coûteux.

— Écoutez, Madeleine (c'était le prénom de Mme Réal), je veux vous prouver l'affection que j'ai pour vous et l'intérêt que je porte aux personnes qui vous sont chères. Un projet m'est venu à l'esprit au sujet de votre protégée; voici : j'éprouve, ainsi que je vous le disais, la plus grande difficulté à trouver quelqu'un pour m'aider. Peut-être est-ce parce que je veux rencontrer une perfection sans avoir eu à former personne. Donnez-moi votre jeune protégée. Si elle est sérieuse et raisonnable comme vous le dites, je suis sûre qu'elle sera promptement au courant des usages de la maison et que, par la suite, elle me rendra de grands services; mais avertissez-la qu'elle aura peut-être tout son apprentissage à recommencer, qu'elle se trouvera auprès de personnes dont le caractère n'est pas toujours bien commode, qu'enfin il lui faudra peut-être du courage, mais que son avenir est entre ses mains.

Il est inutile de dire quelle joie reconnaissante emplit le cœur de Mme Réal.

— Oh! chère amie, s'écria-t-elle, comme vous êtes bonne et combien je vous remercie! Croyez-moi, je vous en donne l'assurance, vous n'aurez pas à vous repentir de cette action. D'ici trois ou quatre ans, peut-être moins, vous aurez en ma petite Jeanne un second vous-même, comme vous dites, qui prendra vos intérêts, connaîtra vos affaires, les discutera avec autant de sagesse que vous. Vous verrez que rien ne la rebutera et qu'elle va se trouver bien heureuse.

— J'allais oublier de vous parler des appointements. Je lui donnerai, pour commencer, soixante francs par mois, la table et le logement. C'est peu, n'est-ce pas? ajouta l'aimable femme en souriant, mais je ne connais ni ses aptitudes ni la valeur de son travail. Je ne tarderai pas à l'augmenter dès qu'elle nous rendra quelques services.

— J'ai hâte d'aller lui annoncer cette bonne nouvelle, dit Mme Réal en se levant.

Elle embrassa affectueusement son amie, la remercia encore et s'empressa de se rendre rue du Val-de-Grâce pour juger au plus vite de la joie de sa protégée.

CHAPITRE XVII

UN TERRIBLE ACCIDENT ET SES SUITES

Jeanne donne ses soins à Dupont. — Quand Mme Réal arriva chez Mme Boursault et demanda Jeanne à la concierge, celle-ci s'écria en levant les bras au ciel :

Fig. 104. — On vient de rapporter Dupont sur une civière.

— Eh non, madame, que Mlle Jeanne n'y est point !... Vous ne savez donc pas?... Un grand malheur est arrivé chez les Dupont et Mlle Jeanne est allée consoler les pauvres gens.

— Quel malheur? interrogea avec anxiété Mme Réal.

— On vient de rapporter Dupont sur une civière (fig. 104), et, s'il n'est pas mort à l'heure qu'il est, il n'en vaut guère mieux. Il est tombé du toit d'une maison en construction, une maison à sept étages, madame... Ah! les pauvres gens!

— C'est affreux! dit Mme Réal tout émue, et je vais aller jusque chez eux savoir exactement ce qui en est; peut-être ma présence leur sera-t-elle utile. Voulez-vous me montrer la maison, s'il vous plaît?

— Là, tout au bout de la rue, cette boutique peinte en vert... Tenez, Jules et sa petite sœur sont devant la porte. Probablement que...

— Merci, madame, dit Mme Réal en interrompant la concierge, qui n'aurait pas mieux demandé que de bavarder encore, j'y vais tout droit.

En effet, les deux enfants jouaient sur le seuil de la boutique, avec l'insouciance de l'enfance, qui est aussi vite consolée qu'elle

Fig. 105. — Elle aperçut Jeanne en train de préparer un sinapisme.

s'alarme. Mme Réal pénétra dans le magasin, qui était vide, mais dans la chambre située en arrière de celui-ci, on entendait un bourdonnement confus de voix, puis des gémissements, et enfin des sanglots et des cris.

Mme Réal s'avança discrètement vers la porte et elle aperçut Jeanne en train de préparer un sinapisme (fig. 105). Elle ne l'aurait point appelée ni dérangée,

---

Hygiène : **Sinapisme**. — Le sinapisme est un cataplasme fait avec de la *farine de moutarde*. Appliqué sur la peau, il y attire le sang et dégage, par conséquent, un organe qui serait *congestionné*.

Pour préparer un **sinapisme**, on délaye la farine de moutarde avec de l'eau tiède ou froide, mais non bouillante, comme on le fait pour le cataplasme de farine de lin. On étend sur une table

mais Jeanne la vit et vint à elle avec empressement, non sans avoir auparavant confié à une voisine qui se trouvait là le soin d'achever cette besogne.

Jeanne était très pâle; elle avait les yeux rouges et ses lèvres tremblaient.

— Quel malheur, madame Réal, quel malheur! Ce pauvre Dupont! Lui qui depuis quelque temps était si bon et rendait sa femme si heureuse!... Ah! Dieu choisit son heure quand il lui plaît, et il ne s'inquiète pas de savoir si le moment nous convient!... Le médecin, que nous avons envoyé chercher, va venir sans tarder, je pense; mais, en attendant, j'essaye de faire revenir à lui le pauvre malheureux. Il respire un peu, bien peu, si faiblement qu'on le croirait mort... Mais vous savez comment cela est arrivé?...

— Oui, dit Mme Réal, votre concierge m'en a dit deux mots.

Funestes résultats de l'ivrognerie. — Le plus triste, dit Jeanne en baissant la voix, c'est ce qu'elle n'a pu vous dire parce qu'on me l'a confié et que je ne l'ai encore révélé à personne : Dupont était pris de boisson quand il est monté sur l'échafaudage. Tous ses camarades, malgré leurs efforts, n'ont pu l'empê-

---

un linge d'étoffe claire, de la grosse mousseline par exemple, et on verse là-dessus la farine délayée qui doit avoir la consistance d'une *bouillie épaisse*. On plie avec soin et on le pose sur l'une des parties inférieures du corps. C'est sur les cuisses, les mollets, le dessus ou la plante des pieds qu'on le met ordinairement; de la sorte on dégage les organes supérieurs, la tête, les poumons, le cœur qui se congestionnent le plus facilement. Le sinapisme est donc un dérivatif. Le temps pendant lequel on laisse un sinapisme varie suivant le tempérament du malade, mais c'est généralement de dix minutes à un quart d'heure. Pour les enfants, 3 à 6 minutes suffisent. Pour ceux-ci, on les emploie contre les convulsions.

Les sinapismes tout préparés, dits *Rigollot*, du nom de l'inventeur, sont excellents. Il suffit pour s'en servir de les faire tremper un instant dans l'eau, jamais dans le vinaigre.

cher de s'y aventurer. Nous qui le croyions si bien
guéri!... Eh bien non, il ne l'était pas tout à fait. Un
nouveau compagnon est entré au chantier ce matin.
A midi, il a payé la bienvenue à ses camarades. Dupont
ne voulait pas aller boire, mais le compagnon s'est
obstiné disant que Dupont lui ferait injure s'il ne
venait pas choquer le verre avec lui.

Dupont n'avait pas mis le pied au cabaret d puis
longtemps, mais, dès
qu'il y a été entré, il
est devenu plus hardi
et plus buveur que les
autres. Sa vieille pas-
sion l'avait repris. Il a
bu, dit un de ses amis,
deux fois plus qu'il
ne faisait jadis et cela
en riant, en chantant
comme s'il n'avait pas
à penser à autre chose.
Vous imaginez comme
il était préparé à mon-
ter sur le toit d'une
maison! Il y était à
peine que le vertige l'a

Fig. 106. — Il y était à peine que
le vertige l'a pris.

pris (fig. 106)... Il est tombé sur le sol... et le voilà...

Les deux femmes étaient très émues. Elles s'étaient
réjouies en apprenant ce qu'elles appelaient la conver-
sion de Dupont; elles estimaient sa femme qui, elle
aussi, s'était appliquée pendant plusieurs mois à rendre
son mari tel qu'il était, et elles songeaient aux difficultés
qu'aurait la pauvre mère pour élever seule ses deux
garçons et sa petite fille. Elles pensaient en elles-
mêmes que ce qu'il y a de si épouvantable dans le
vice de l'ivrognerie, c'est qu'on n'en est jamais tout à

fait guéri et que le triste proverbe si connu a bien raison : « Qui a bu, boira. »

Mais il ne s'agissait pas de tant penser en ce moment. Il fallait agir. Que Dupont revînt à lui ou non, il fallait éloigner les enfants de la maison et s'entendre pour ne pas laisser seule la pauvre femme. Mme Réal emmena aussitôt avec elle les trois enfants et Jeanne resta pour donner ses soins au mourant et à Mme Dupont, qui, à chaque instant, était prise de **syncopes** ou de crises de larmes qui la mettaient dans un état affreux.

Mme Réal ne dit rien à Jeanne de la démarche qu'elle avait faite et de la bonne nouvelle qu'elle lui apportait. Ce n'était point le moment d'en parler; mais elle pria la jeune fille de venir chez elle le soir lui rendre compte de la visite du médecin et elle se proposa de lui annoncer à ce moment l'heureux changement qui allait survenir dans sa vie.

Dupont ne reprit point ses sens et, peu après l'arrivée du médecin, il rendit le dernier soupir.

Ce fut une chose cruelle pour Jeanne que le spectacle de cette mort si imprévue, de cette veuve désespérée et les explosions de cette douleur.

La courageuse jeune fille éprouva alors qu'il est

HYGIÈNE : **Syncope.** — La syncope ou *évanouissement* est un état passager pendant lequel une personne semble avoir perdu la vie.

C'est, en effet, un phénomène de suspension de vie qui enlève au malade le sentiment de l'existence et la connaissance de ce qui se passe autour de lui.

Quand une personne est prise par un évanouissement, il faut desserrer ses vêtements, l'exposer à l'air, lui faire respirer de *l'éther* ou de *l'acide acétique*, lui frapper le visage, le cou, les bras avec une serviette mouillée, lui mettre des *sinapismes* aux pieds, enfin employer tous les moyens possibles pour provoquer une *réaction**. Il faut surtout prendre garde de ne pas se tenir nombreux autour du malade, particulièrement dans un local étroit ou fermé.

toujours possible, quand on a du cœur, de trouver des consolations, de bonnes paroles pour les afflictions ordinaires. Mais, devant la mort, les paroles font défaut. On reste interdit, muet, on ne sait que pleurer avec ceux qui pleurent; car, de tous les malheurs, celui-là seul est l'irréparable et c'est le seul devant lequel la volonté humaine soit tout à fait impuissante.

Le soir, comme elle l'avait promis à Mme Réal, elle alla la mettre au courant des événements. Inutile de dire que ce fut une triste soirée. Les enfants, heureusement, étaient couchés, dormant déjà du profond sommeil qu'on a à leur âge. M. Réal était sorti et les deux femmes purent causer.

— Ce n'est guère le moment, ma chère Jeanne, dit Mme Réal, après avoir longuement parlé des Dupont, de vous apprendre une heureuse nouvelle, car vous avez si bon cœur que votre bonheur ne peut vous faire oublier le chagrin des autres. Cependant je vais vous dire que j'ai vu aujourd'hui une de mes amies de pension qui dirige ici une grande maison de couture et qu'elle consent à vous prendre chez elle dans des conditions tout à fait exceptionnelles.

Et Mme Réal raconta à Jeanne la conversation qu'elle avait eue le jour même avec Mme Stephen-Maucourt et ce qui s'en était suivi.

Au milieu de sa joie, Jeanne n'oublie pas les malheureux. — Au milieu de ses larmes, Jeanne ne put s'empêcher de sourire. Ce qu'elle n'aurait jamais osé espérer arrivait cependant et dans de si heureuses conditions qu'elle en était presque effrayée. Car un grand bonheur inattendu, cause comme un grand malheur une sensation d'angoisse très pénible, ce que l'on exprime par le dicton populaire : « La joie fait peur. »

La bonne jeune fille ne pensa pas seulement à elle
en ce moment :

— Oh ! madame ! comme ma grand'mère va être
contente ! (fig. 107) Et mon cher père, comme il sera
fier ! Et Mlle Valette qui avait tant peur que je ne reste
pas travailleuse et sage quand j'ai quitté Nanteuil,
comme elle sera étonnée ! Bonne madame, que de
remerciements je vous dois ! Je vous suis si reconnaissante que je ne sais trouver des paroles pour vous le dire.

— Vous voir heureuse, ma chère Jeanne, est tout ce
qu'il me faut. Le bonheur que je lis dans vos yeux est
ma meilleure ré-compense. Mais, ajouta-t-elle en regardant la figure

Fig. 107. — Oh ! madame, comme ma grand'mère
va être contente !

de Jeanne qui soudain s'obscurcit, vous pensez à
quelque chose qui vous attriste, qu'est-ce donc ?

— Madame, dit Jeanne en rougissant, est-ce que,
dans cette situation, je ne pourrai jamais sortir ? Je
voudrais tant avoir une journée parfois pour venir
vous voir, vous, Mme Boursault, cette bonne Mme Dupont
et ses petits que j'aime bien ?

— Je n'ai rien dit de cela, répondit Mme Réal, et mon
amie ne m'en a pas parlé, mais je suis bien sûre que
vous aurez de temps en temps un jour de liberté.

— Et puis, ajouta Jeanne, vous imaginez bien,
madame, que je ne dépenserai jamais tout ce que je

gagnerai. Cela me permettra d'aider un peu Mme Dupont qui va être bien embarrassée, la pauvre femme. Et, tenez, voilà ce que je pense : je pourrai fort bien, si elle me le permet, me charger entièrement de tous les frais qu'elle aurait à faire pour la petite Claire... Oui, oui, c'est cela. Si la Providence a permis que dans une même journée, ces deux événements soient arrivés à elle et à moi, c'est afin de me montrer ce que j'ai à faire... N'est-ce pas, madame?

Mme Réal était très émue de ce que lui disait Jeanne. Non pas qu'elle fût étonnée de son bon cœur, mais parce qu'elle la découvrait encore meilleure, plus raisonnable et plus sage qu'elle ne le croyait. Elle approuva pleinement son projet et Jeanne se retira ensuite, un peu consolée du douloureux événement qui avait rempli la journée, par la pensée qu'elle allait pouvoir faire du plaisir et du bien à ceux qu'elle aimait.

CHAPITRE XVIII

UN NOUVEL APPRENTISSAGE

La veuve. — Depuis huit jours, Jean Dupont reposait au cimetière d'Ivry. Jeanne était entrée dans la maison Stephen-Maucourt. Les enfants de Dupont étaient retournés à l'école et la pauvre veuve avait repris sa besogne devant sa table à repasser.

En apparence, rien n'était changé dans la maison, car, lorsque Dupont était là, on ne le voyait le jour qu'en temps de chômage *, puisque, sauf le dimanche, il partait de bonne heure le matin et rentrait tard le soir.

Mais le deuil n'était pas seulement dans les habits de la veuve. Son cœur était bien triste. N'avait-elle pas perdu le compagnon de sa jeunesse, l'ami des bons et des mauvais jours? Oh! maintenant qu'il était parti pour ce pays d'où l'on ne revient pas, elle oubliait ses brusqueries, ses défauts et même ce vice qui l'avait rendue si malheureuse parfois. Elle s'accusait elle-même, se disant qu'elle avait eu trop longtemps le tort de ne pas faire la maison assez jolie et assez gaie, et que c'était pour cela sans doute que son pauvre mari cherchait des distractions au dehors. Elle se rappelait les conseils de Jeanne, le bon effet qu'ils avaient eu et le résultat qu'elle en avait recueilli.

En songeant à ces choses, elle sentait ses yeux se remplir de larmes qui, pendant qu'elle poussait son fer, roulaient sur ses joues et tombaient sur sa robe noire de veuve.

Jeanne prend possession de son emploi dans la maison Stephen-Maucourt. —Voici comment s'était faite l'installation de Jeanne (fig. 108).

Elle était d'abord allée se présenter à Mme Stephen, et la remercier des bonnes intentions qu'elle manifestait à son égard. Celle-ci l'avait très gracieusement reçue et tout de suite elles s'étaient plu l'une à l'autre.

Fig. 108. — L'installation de Jeanne dans la maison Stephen-Maucourt.

— Mademoiselle, lui avait dit sa nouvelle patronne, ainsi que je l'ai expliqué à Mme Réal, j'ai l'intention de vous faire une situation toute spéciale dans ma maison; mais, pour cela, il faut que j'essaye votre savoir sur plusieurs points. Ici, comme vous le verrez, nous nous occupons de toutes les parties du costume féminin. Il ne s'agit pas seulement, pour remplir la situation que je veux créer, de connaître les modes et la coupe, ou la lingerie, etc... Il faut savoir de tout un peu. Vous allez débuter par les modes, vous resterez trois mois à l'atelier des modistes. Puis vous passerez trois mois à l'atelier de la lingerie et six mois à celui de **coupe** et de confection des vêtements qui est le plus important. C'est au bout de cette première année seulement que je verrai ce que je puis attendre de vous et que, suivant vos aptitudes * et votre zèle, je

---

ÉCONOMIE DOMESTIQUE : **Coupe des vêtements.** — La coupe des vêtements est une des parties de l'économie domestique. Elle consiste à tailler des vêtements dont la forme et les dimensions varient suivant les personnes aux quelles ils sont destinés. Pour cela il faut faire des *patrons* à l'aide de mesures exactement prises sur les personnes pour lesquelles on travaille.

Voici comment on prend les mesures pour un corsage de femme (fig. 109 et 110). On se sert d'un mètre en ruban, ou en toile vernie.

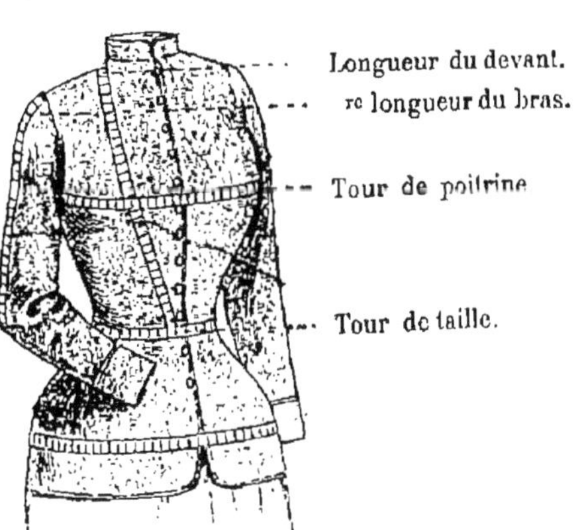

Fig 109. — Comment on prend mesure d'un vêtement.

On entoure d'abord la taille d'un ruban qui marque la ceinture. Ensuite, on prend : 1° *la longueur dos*, de la couture de l'épaule vers l'encolure, au milieu du dos, vers la ceinture ; 2° *la largeur du dos*, de la couture de l'épaule à l'endroit où elle touche l'emmanchure jusqu'au point correspondant à l'autre emmanchure ; 3° *longueur du devant :* de la couture de l'épaule,

vous ferai telle ou telle position chez moi. Mme Réal a dû vous parler des appointements que je vous donne. Je n'ai donc plus rien à ajouter, sinon que je vous attends demain et que je compte beaucoup sur vous.

Jeanne s'était retirée après avoir protesté de sa reconnaissance et de son dévouement et le lendemain matin, à huit heures et demie, elle était à son poste.

L'atelier des modistes. — Tout de suite, on l'installa dans l'atelier de modes. La première ouvrière, Mme Fernel (fig. 111), était une grande et forte femme d'une quarantaine d'années, aux traits fortement

---

vers l'encolure, jusqu'au milieu du devant, ceinture; 4° *tour de poitrine :* il se mesure en se passant le mètre sous les bras et en réunissant les deux bouts devant sans serrer; 5° *tour de taille :* on opère de même que pour le tour de poitrine; 6° *tour des hanches :* même façon de procéder, en ayant soin de prendre cette mesure à 20 centimètres environ au-dessous de la ceinture; 7° *longueur du bras :* de l'entournure, en faisant plier le coude et s'arrêtant au poignet, et de l'entournure au coude seulement. On voit que cette mesure est double.

Ces mesures étant prises, on trace un rectangle dans lequel on figure à l'aide de lignes, les mesures que l'on vient de prendre et

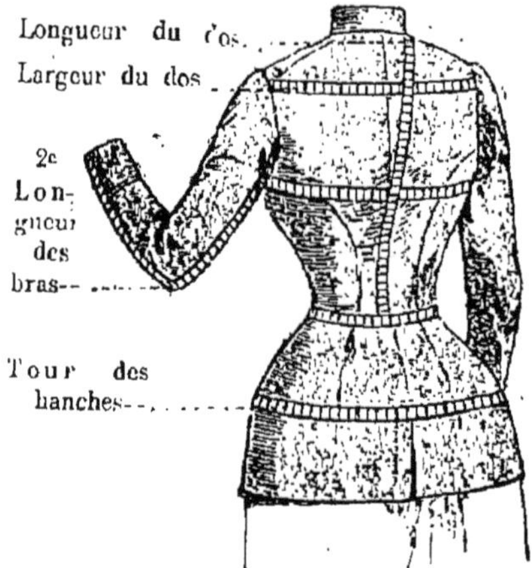

Fig. 110. — Comment on prend mesure d'un vêtement (*suite*).

on obtient ainsi un dessin représentant exactement les proportions de la taille de la personne qu'on veut habiller. C'est sur ce dessin qu'on tracera le patron dont on se servira pour couper l'étoffe.

La coupe des diverses parties d'un vêtement est devenue depuis quelques années une science véritable qu'on enseigne aux jeunes filles et à laquelle elles ne sauraient trop s'appliquer.

accusés et très brune. Elle était coiffée à la dernière
mode, avec une masse de cheveux postiches* qui frisot-
taient sur son front et sur ses tempes. Ils ne parve-
naient pas à dissimuler entièrement ses vrais cheveux
que l'on apercevait au-dessous de cette touffe artifi-
cielle et qui se montraient très lisses et presque tous
gris. Mme Fernel le savait bien, mais cela lui était bien
égal. Elle disait : « Je mets
des cheveux faux non pour
moi, mais pour la maison
et pour mes clientes. » Et,
comme on riait quand elle
parlait ainsi, elle ajoutait :

— Vous riez?... C'est
vrai cependant, allez. Me
voyez-vous essayant cette
petite capote ou ce grand
chapeau avec mes ban-
deaux plats et mes che-
veux grisonnants?... Les
clientes s'enfuiraient...
Elles trouveraient tous les
chapeaux très laids et nous

Fig. 111. — Mme Fernel.

perdrions leur clientèle... Pour que mes chapeaux et
moi nous leur plaisions, il faut que nous soyons à la
mode. Je m'y suis mise... Mais c'est bien à contre-cœur,
allez!...

On ne pouvait s'empêcher de sourire en dessous,
car on savait Mme Fernel un peu coquette malgré son
âge et on lui pardonnait ce petit ridicule à cause de
son bon cœur et de toutes ses autres qualités.

Cependant sa coquetterie devenait quelque peu dan-
gereuse quand elle s'étendait même à ses ouvrières.
Elle avait coutume de répéter à tout bout de champ :
« Je veux que mes ouvrières soient très bien », et

comme celles-ci étaient pour la plupart assez jeunes, il s'ensuivait qu'elles dépassaient plus d'une fois la recommandation en se préoccupant d'être trop bien.

Dès que Jeanne fut arrivée, on l'inspecta des pieds à la tête :

— Quelle vilaine robe !

— Qui donc a taillé ce corsage? Est-elle fagotée !

— Mais les manches ne se font plus comme ça!

— Et cette garniture !

— Et ces cheveux tirés sur le front comme ceux d'une pensionnaire!

— Et pas de frisure !

— Et ce petit chignon!

Et les langues marchaient silencieusement, sans perdre de temps, au grand détriment de la réputation de Jeanne que l'on pensa être sotte et malhabile parce qu'elle n'était pas vêtue et coiffée au goût de *ces demoiselles*.

Cependant *ces demoiselles* se turent quand Mme Fernel, d'une voix qu'elle rendait à dessein très autoritaire *, annonça que Jeanne ne passerait là que trois mois, qu'elle venait faire une sorte d'apprentissage, qu'elle était là par l'ordre exprès et sous la protection de *madame* et que chacune des ouvrières devrait lui enseigner sans se faire prier les moindres secrets du métier.

En disant ces paroles, *ordre exprès, protection de madame*, le ton de Mme Fernel devenait plus impérieux encore. Il signifiait clairement :

« Prenez garde, mesdemoiselles, retenez bien ces paroles : Mlle Jeanne Bernard est protégée en haut lieu. »

Cela fut parfaitement compris. Les dix têtes des dix ouvrières s'inclinèrent sur leur ouvrage (fig. 112) d'un mouvement qui semblait être un acquiescement * à ces paroles et un acte d'obéissance.

FIG. 112. — Les dix têtes des dix ouvrières s'inclinèrent sur leur ouvrage.

11.

La seconde ouvrière, une habile garnisseuse, murmura même, au nom de tout l'atelier, un *oui, madame,* que Jeanne entendit bien.

Puis on lui fit une place à la table étroite et longue près de laquelle on travaillait et son apprentissage commença.

Apprentissage de modiste. — Ah! dame! les premiers jours, ce ne fut pas brillant : elle ourlait des coiffes, elle recouvrait d'un petit ruban de soie de longs bouts de laiton, elle assemblait les coutures des morceaux de velours taillés en biais, elle rangeait l'atelier quand les ouvrières étaient parties, veillait à ce qu'il y eût sans cesse sur les pelotes des épingles noires et blanches, et, dans les boîtes, des fils et des soies à coudre de toutes couleurs et de toutes grosseurs.

Un peu plus tard, elle changea de place et s'assit auprès d'une apprêteuse. Là elle apprit à tailler la doublure des larges bords des chapeaux et à la poser sans qu'elle fît le moindre pli, de telle façon qu'elle parût collée et non cousue sur la forme. On lui enseigna à faire des coulissés, des bouillonnés à petits points si rapprochés, si rapprochés, qu'une fois le chapeau ainsi préparé, on est bien embarrassé de savoir où et comment il était cousu.

Leçon de choses : **Laiton**. — Le laiton, ou *cuivre jaune*, est un alliage de *cuivre* et de *zinc* avec lequel on fabrique des ustensiles de ménage, des instruments de musique, des cordes de piano, des épingles, des boutons, de faux bijoux, etc... Il se compose le plus ordinairement de 65 parties de cuivre et de 35 de zinc (sur 100).

Dans certaines industries, comme dans les modes, on donne le nom de laiton à un fil de fer ou *fil d'archal*, préparé avec la *filière* et recouvert ensuite d'un tissu de coton ou de soie, ce qui permet de s'en servir plus commodément.

Les formes de chapeaux destinées à être recouvertes de soie, velours ou dentelle, sont en gros tulle soutenu par des *fils de laiton*.

Enfin, au commencement de son troisième mois, elle devint garnisseuse et elle travailla seule (fig. 113), sans autre guide ni conseil qu'elle-même. On put s'apercevoir alors que son goût était sûr et sa main habile. Chacune était surprise de la voir si vite au courant des choses de la mode, poser si gracieusement un oiseau, une fleur, un chou de ruban. Elle variait à l'infini les garnitures et ne faisait pas comme ces mauvaises modistes qui, si elles ont une fois trouvé une façon de disposer un nœud, garniront avec ce même nœud tous les chapeaux de même forme. De telle sorte qu'on dit ensuite : « Je reconnais ce chapeau. Il sort de chez Mme X : voilà son nœud. »

Tout allait donc au mieux pour Jeanne. Elle eut cependant à subir une petite vexa-

Fig. 113. — Jeanne devint garnisseuse et travailla seule.

tion*, dont elle se consola aisément, mais qui sur le moment lui fut très sensible. Voici ce qui arriva :

Inutile et dangereuse coquetterie. — Mme Fernel, toujours plus prompte à parler qu'à réfléchir, dit un matin à Jeanne, au moment où celle-ci arrivait à l'atelier.

— Mademoiselle Bernard, vous êtes bien mal coiffée, aujourd'hui !

— Moi, madame? fit Jeanne. Mais, comme à l'ordinaire, ce me semble.

Et la jeune fille se tourna instinctivement vers une grande glace qui couvrait un des panneaux de l'atelier. Elle se vit telle que tous les jours, avec ses cheveux châtains légèrement ondulés, partagés sur le sommet de la tête par une raie bien droite et bien fine et son chignon soigneusement enroulé sur la nuque*.

— Oui, fit Mme Fernel avec un peu de mauvaise humeur, comme à l'ordinaire, c'est-à-dire sans goût... Vous le savez, mademoiselle Bernard, *je veux que mes ouvrières soient très bien* et je désire qu'elles mettent un peu plus de coquetterie dans leur ajustement. En vérité, vous êtes coiffée comme une femme de chambre de province et s'il me fallait vous envoyer porter un chapeau chez une de mes riches clientes, j'aurais peur, vraiment... bien peur...

— Peur de quoi, madame? dit simplement Jeanne et avec une naïveté qui était simulée*.

— Peur de vous voir compromettre la maison, mademoiselle, dit impatiemment et à très haute voix Mme Fernel. — Notre maison est respectable, mademoiselle, très respectable et bien connue, et ses ouvrières comme toutes ses employées ont à cœur de soutenir sa réputation par leur mise de bon goût, leur coiffure dernier genre et leurs façons du dernier bien. Or, mademoiselle Bernard, vous êtes d'une simplicité qui... que... Enfin je crois que si *Madame* avait réfléchi, elle vous aurait dit tout cela elle-même pour m'épargner la peine de vous le dire. Mais il le faut... mais je le dois... et il y a longtemps que...

Jeanne allait répondre quelques mots pour s'excuser, lorsque une voix bien connue et qui avait le don de calmer tous les orages se fit entendre derrière elle :

— Rassurez-vous, madame Fernel, disait Mme Stephen qui venait d'entrer (fig. 114). Ma maison n'est pas du tout compromise parce qu'une de mes ouvrières ou de mes employées n'est pas coquette. Avoir les cheveux lisses et ne pas toujours suivre la dernière mode ne prouve pas que l'on ne puisse faire très bien les chapeaux. Si Mlle Bernard apprend bien le métier, comme je veux qu'elle l'apprenne, cela me suffira. Je ne tiens pas du tout à ce qu'elle aille ni porter, ni essayer des chapeaux en ville ou dans les salons de la maison. Cependant, ajouta-t-elle en souriant, je ne vous en remercie pas moins de votre zèle, chère madame Fernel. Je sais que tout ce que vous dites et tout ce que vous faites est dans l'intérêt de la maison et je suis toujours sensible à ce témoignage d'un zèle désintéressé.

Fig. 114. — Rassurez-vous, madame Fernel, disait Mme Stephen qui venait d'entrer.

Et Mme Stephen se retira laissant tout le monde un peu confus, quoique diversement, car Mme Fernel et les autres ouvrières avaient bien compris pour qui étaient dites ces paroles.

Mme Stephen avait raison. Dans les ateliers des grandes villes, les jeunes filles s'imaginent qu'elles font preuve de goût en étant d'une coquetterie exagérée. Elles se trompent fort. C'est surtout chez les modistes et les fleuristes que ce préjugé est répandu. Elles raisonnent toutes comme Mme Fernel au lieu de penser comme Mme Stephen, et elles ont tort, car rien n'est plus ridicule que cette excentricité de coiffure et de vêtement chez des femmes appelées à vivre de leur travail et dont la simplicité devrait être le plus bel apanage*. Elles nuisent à leur réputation et même à celle de la maison où elles sont employées.

C'était ce que comprenait Jeanne. Elle n'avait rien changé et ne changea rien à ses habitudes de gracieuse simplicité et elle fut heureuse de voir que Mme Stephen et elle étaient du même avis sur cette question.

Jeanne apprend à faire la lingerie. — Ses trois mois d'apprentissage de modiste étant écoulés,

Fig. 115. — Mlle Bonnardeau était l'austérité en personne.

Jeanne entra dans l'atelier de lingerie. Là tout était sérieux, sous les ordres de Mlle Bonnardeau, maîtresse lingère pleine de savoir et..... de sévérité. Ah ! il ne s'agissait pas de rire en dessous et de fredonner des chansonnettes quand elle tournait le dos et de parler de cheveux frisés, de ce qui va bien au teint ou de ce qui lui va mal !

Mlle Bonnardeau était l'austérité en personne (fig. 115). Elle avait cinquante ans environ. Elle était grande et maigre ; ses bandeaux d'un blond argenté bien lissés sur son front couleur d'ivoire jauni, rappelaient les modes de sa jeunesse. En voilà une qui ne se préoccupait guère de soutenir par sa coquetterie la grande réputation de la maison ! Elle était toujours vêtue d'une robe de cachemire noir tout unie, sur laquelle elle plaçait un grand tablier blanc tel que celui des autres ouvrières.

Car le principal mérite d'une belle lingerie est d'être si proprement faite qu'on n'ait pas besoin de la faire blanchir avant de la vendre. La qualité d'un tissu, la beauté d'une dentelle se voient bien mieux sans l'apprêt de l'empesage et du repassage. C'est pourquoi, dans les bonnes maisons, les ouvrières lingères sont d'une minutie* et d'un scrupule très grands pour le soin et la propreté de leur ouvrage.

Mlle Bonnardeau accueillit Jeanne avec réserve et dignité, mais non sans une certaine déférence qui fut remarquée par les autres ouvrières. Celles-ci savaient déjà que Jeanne était bien vue de *Madame* et cela suffisait pour que sa position à l'atelier de lingerie fût très

---

ÉCONOMIE DOMESTIQUE : **Empesage et repassage.** — L'empesage du linge est un apprêt qu'on lui donne afin qu'il ait l'aspect du neuf. L'empesage se fait à l'aide de l'empois qui n'est autre chose que de l'*amidon* dissous dans de l'eau froide, puis mis sur le feu où on le laisse cuire en le remuant jusqu'à ce qu'il ait la consistance d'un sirop léger.

Plus l'empois est épais, plus l'étoffe que l'on trempe dedans aura de raideur une fois repassée.

Pour que l'empois soit bien fait, il faut toujours le faire cuire. On y ajoute *un peu de bleu* pour que le linge ait une plus jolie teinte, *un peu de cire* vierge, pour que le fer glisse mieux, et *du borax* pour rendre le linge brillant.

Le linge ayant été trempé dans l'empois est tordu très fortement, puis on l'étend dans une serviette, une nappe, où on le plie en le serrant afin de lui enlever la grande humidité, sans toutefois le dessécher complètement.

Pour repasser le linge empesé, on attend qu'il ait été bien *essoré* dans la serviette où il a été roulé. On l'étend ensuite sur la table à repasser et on le repasse *à l'endroit*, sauf les broderies qui se repassent *à l'envers*. Le devant, le col et les poignets des chemises d'homme, se repassent avec un très grand soin. Habituellement on glisse une flanelle entre les deux devants de la chemise lorsqu'on repasse celui de dessus.

L'art du repassage consiste surtout à ne pas faire de faux plis.

Tout le linge à repasser, empesé ou non, doit être légèrement humide.

agréable. Elle le fut en effet. Jeanne s'y instruisit — non sans quelque peine — dans l'art délicat de couper, coudre, garnir, orner les chemises de toile fine, les jolis peignoirs du matin, les camisoles à tout petits plis, les jupons de dessous, les cache-corset et toutes ces choses si délicates à exécuter qui ont fait la réputation des grandes lingères parisiennes.

Ce qui lui fut le plus long à apprendre, ce fut la fabrication du **corset** avec ses mille piqûres, ses **baleines** éventaillées de soie de couleur et sa coupe si difficile, qui variait à l'infini suivant la taille et le goût des personnes.

Rien de particulier ne signala le passage de Jeanne dans cet atelier.

Leçon de choses : **Corset**. — Le corset est un vêtement de dessous, spécial aux femmes, fait pour soutenir la taille et la poitrine. Il se fait en *coutil*, en *toile*, en fort tissu de *laine* ou de *soie*. Il est baleiné et muni sur le devant de deux lames métalliques qui, en se rejoignant à l'aide d'agrafes ferment le corset. Ces deux lames sont appelées *busc*.

La fabrication du corset à la main, qui est l'œuvre des corsetières, demande un apprentissage long et minutieux. La France, Paris surtout, a la spécialité du corset fait sur mesure. Quant aux corsets faits au métier, c'est l'Allemagne qui est le principal centre de cette fabrication. Le *corset sans coutures* a été inventé à Bar-le-Duc, en 1832.

L'usage du corset n'est pas malfaisant *à la condition de le porter large et laissant la taille aisée*. Mais dès que le corset serre les côtes, le ventre et les hanches, il devient *très dangereux* pour la santé, engendre des maladies de foie, de cœur, empêche la bonne circulation du sang et dispose aux congestions cérébrales.

Autrefois les femmes portaient des corsets qu'elle appelaient *corps*, qui étaient raides et durs et ne donnaient aucune idée de leur vraie taille. C'est à l'époque de la Révolution que fut inventé le *corset à la paresseuse*, qui laçait derrière et n'avait aucune baleine. Depuis le corset a été modifié plusieurs fois et, tel qu'il est aujourd'hui, il ne présente aucun inconvénient, à la condition d'être porté large.

Leçon de choses : **Baleine** : Les baleines employées dans le commerce sont tirées des *fanons* de la baleine.

La **baleine** (fig. 116) est le plus énorme des mammifères connus

Cependant, ce fut dans cette seconde période d'apprentissage qu'elle entra en communication assez étroite avec la famille de Mme Stephen.

Voici comment cela eut lieu :

Jeanne rend service à Mlle Besson. — Mlle Besson était, ainsi que nous l'avons dit, une excellente créature, mais que les chagrins avaient rendue un peu triste. Aussi ne plaisait-elle qu'à demi aux jeunes ouvrières étourdies (il y en a partout de cette sorte) qui la rencontraient parfois dans l'escalier ou les corridors* de la maison et celles-ci ne manquaient point de la tourner en ridicule, elle, ses bandeaux blancs et ses modes de l'ancien régime, comme elles disaient. De sorte que cette pauvre Mlle Besson envisageait toujours avec effroi le moment où il lui faudrait aller à l'atelier commander pour elle un chapeau, un manteau ou tout autre vêtement.

Elle appartient à l'ordre des *cétacés*. Sa tête occupe environ le tiers de la longueur totale de son corps. Sa bouche a 2 à 3 mètres de largeur sur 4 à 5 mètres de hauteur quand elle est ouverte. A l'intérieur se trouvent deux rangées de lames minces et résistantes, qui sont appelées **fanons**. L'arrière-bouche de la baleine est étroite et elle ne peut avaler que des poissons de petite taille. Le dos de la baleine

Fig. 116. — Baleine.

est lisse, sa peau épaisse; sous celle-ci se trouve une couche graisseuse d'où l'on extrait de l'*huile* qu'on emploie pour l'éclairage, pour fabriquer le savon noir, préparer les cuirs, etc...

Les **fanons** sont vendus par paquets de 10 ou 12, entiers ou fragmentés. On scie ces **fanons** suivant leur longueur et on les ramollit dans l'eau chaude. La force, la légèreté et la grande élasticité qu'ils possèdent après ce traitement les font employer dans beaucoup d'industries (corsets, parapluies, ombrelles, etc...)

Précisément on était au commencement de l'hiver et elle voulait se faire faire un chapeau, mais un joli chapeau, disait-elle, dont la forme et la couleur fussent en harmonie avec son âge et sa figure.

Elle fit part de son projet à Mme Stephen, et c'était là un grand projet, car Mlle Besson était économe ; elle utilisait toujours les moindres bouts de rubans et de velours et pour se décider à acheter un chapeau *neuf*, il fallait qu'elle fût bien au bout de ses provisions.

Mme Stephen rit d'abord de ses craintes :

— Mais qu'est-ce que cela peut vous faire, mes ouvrières, chère demoiselle ? Ne savez-vous pas que vous êtes aimée et estimée de nous ? Laissez rire les rieuses et ne vous en occupez pas.

— N'importe, n'importe, disait Mlle Besson, cela m'est tout à fait désagréable, je vous assure. Je sais bien que je suis laide, que je ne suis plus jeune, qu'il faut pour me coiffer convenablement beaucoup de patience et d'habileté, mais quand j'arrive dans votre atelier, bien résolue d'être douce, humble et patiente, voilà que je vois un tas de petits yeux qui me regardent effrontément en ayant l'air de dire : « Ah ! voilà cette *caricature* qui veut se faire coiffer ! » Alors la peur, oui, une véritable peur me prend et j'ai envie de m'en aller.

— Eh bien ! chère demoiselle, j'ai trouvé un moyen d'arranger les choses. Vous n'irez pas à l'atelier. Je vais vous envoyer quelqu'un qui vous fera votre chapeau ici, sous vos yeux et vous verrez que vous serez contente.

Et le jour même, Jeanne quittait pour une après-midi son atelier de lingerie et venait dans l'appartement privé de Mme Stephen pour préparer auprès de Mlle Besson le fameux chapeau de velours qui tracassait tant celle-ci.

Elle s'en tira à son honneur. Mlle Besson déclara que jamais elle n'avait été aussi bien coiffée (fig. 117),

même par les mains de Mme Fernel, et, de ce jour, Jeanne devint son amie.

Ce fut aussi, à partir de ce moment, que Jeanne ayant fait la connaissance de Lucie et de son petit frère Georges, les vit venir à elle de temps en temps à l'atelier ou dans les magasins, lui demandant l'une des bouts de chiffons et de rubans pour

Fig. 117. — Mlle Besson déclara qu'elle n'avait jamais été si bien coiffée.

habiller sa poupée, l'autre des caresses, la seule chose dont les chers petits bébés ne se rassasient jamais.

CHAPITRE XIX

QUELQUES VIEILLES CONNAISSANCES

Mme Boursault quitte Paris. — Il nous faut maintenant jeter un coup d'œil sur plusieurs personnes qui nous intéressent différemment, et que nous avons dû laisser de côté pendant que nous nous occupions surtout de notre jeune héroïne.

Peu après l'installation de Jeanne dans la maison Stephen-Maucourt, Mme Boursault prenait une grande résolution : elle quittait ce Paris où elle avait amassé une petite fortune, cette rue du Val-de-Grâce où elle avait ses habitudes, ce petit logement parisien si étroit.

mais si commode, où elle vivait depuis longtemps, et elle s'en revenait en Périgord « planter ses choux », comme elle disait.

Or, planter ses choux, c'était s'installer à Périgueux, dans un appartement bien clair et bien gai, en plein centre de la ville et dans une des rues les plus fréquentées.

Car voyez-vous Mme Boursault sans voisines avec qui bavarder, sans un entourage familier de gens auxquels il faut s'intéresser et rendre service ? Non, n'est-ce pas ? Mme Boursault a besoin d'avoir auprès d'elle des oreilles grandes ouvertes à qui elle racontera les merveilles de Paris, la fortune facile qu'on y fait, l'agréable vie qu'on y mène, et, si elle voit des sourires incrédules sur les visages, elle en sera toute fâchée et parlera aussitôt de Jeanne et de la chance extraordinaire qu'elle a eue. Et cela faisant, elle oubliera d'ajouter que si Jeanne n'avait pas eu tant de courage et de si grandes qualités, elle serait encore à Paris une pauvre petite ouvrière gagnant péniblement des journées.

Coup d'œil à la ferme. Le facteur. — Quittons un instant Paris et transportons-nous à Nanteuil, dans la maison où, au début de cette histoire, nous avons vu la grand'mère Bernard donner à Jeanne sa première leçon de couture. Il y a sept ans de cela ! Sept ans déjà ! Oui, Jeanne a maintenant vingt ans et grand'mère Bernard en a près de soixante-dix (fig. 118). Elle est toujours vaillante, mais ses yeux et ses jambes se sont affaiblis, et si elle n'avait pas auprès d'elle Martine, la fille de la pauvre Rousselotte, adoptée et aimée par les Bernard, elle serait bien seule.

Martine n'a gardé de ses étourderies d'autrefois qu'un grand fonds de gaieté. C'est un oiseau que cette jeune fille. Du matin au soir elle chante en faisant le ménage ou en tirant l'aiguille. et c'est une joie pour les Bernard, une bénédiction que de l'avoir auprès d'eux, si vive, si alerte *, animant la vieille demeure de ses bons rires et de son frais visage.

Voyez-la en ce moment, penchée à cette fenêtre auprès de laquelle travaillait Jeanne toute petite. Que fait-elle? Elle a l'air anxieuse et regarde attentivement le long ruban de route qui serpente dans la vallée. Tout à coup, sur ce chemin, elle distingue un point noir qui se meut en se rapprochant.

— Le voilà! crie-t-elle, le voilà, grand'mère Bernard!

La mère Bernard arrive vers la fenêtre

Fig. 118. — Grand'mère Bernard a près de soixante-dix ans.

aussi vite que ses vieilles jambes peuvent le lui permettre.

— Es-tu sûre, petite? es-tu bien sûre?

— Oh! oui. Ne voyez-vous pas sa blouse, sa casquette et son gros sac (fig. 119)? Moi, je le distingue bien, allez!

— Oui, oui, tu as tes yeux de dix-huit ans, Martine. Et puis, ce que je crois aussi c'est que c'est autant avec ton cœur qu'avec tes yeux que tu le vois, n'est-ce pas, fillette?

— Oh! pour ça, oui, grand'mère Bernard, dit en rougissant un peu la jeune fille. Mais dame! que voulez-vous? Je m'intéresse à ceux que vous aimez et je les aime bien moi-même... Quel bonheur, une lettre de

Pierre! Bien sûr qu'il nous annonce son retour, n'est-ce pas, grand'mère Bernard?

— Eh! eh!... n'allons pas si vite, petite. Y a-t-il seulement une lettre pour nous dans le sac du **facteur**? Peut-être qu'il va à la ferme à côté, ou chez les Dussutour qui sont sur le même chemin que nous, ou encore chez...

—Non, grand'mère Bernard, il vient ici, vous dis-je, et la preuve, tenez, voyez : il prend le petit sentier.

Le facteur se dirigeait en effet vers la demeure des Bernard. On distinguait maintenant sa blouse bleue à col rouge, sa casquette vernie, sa boîte portée en bandoulière *, son bâton sur lequel il s'appuyait en marchant. Car le vieux David faisait le service depuis tantôt quarante ans à travers le pays. Il s'en allait courbé, pliant sur les jarrets, l'air si fatigué qu'il semblait ne pouvoir avancer, et il achevait sa tournée, et il re-

Fig. 119. — L'arrivée du facteur.

Leçon de choses : **Facteur des Postes.** — **Postes** : Le facteur des postes est l'agent chargé de distribuer les lettres, journaux et paquets venus par la poste aux personnes à qui ils sont destinés.

Le **service des postes** a été installé en France sous Louis XI en 1464. Il ne s'agissait alors que de *courriers* qui s'en allaient à cheval, porter les missives royales ou princières. A certains endroits, se trouvaient d'autres courriers à cheval auxquels ils remettaient leurs dépêches, qui transportaient celles-ci un peu plus loin, les remettant à d'autres courriers, et ainsi de suite

commençait le lendemain et encore les jours suivants. Depuis dix ans on disait : « Le père David est bien vieux, bien cassé, il n'ira pas loin. » Et le père David marchait encore, pareil au Juif de la légende.

Ce jour-là, ce fut une explosion de joie qu'il apporta dans la demeure des Bernard. Deux lettres ! une de Pierre, une de Jeanne (fig. 120).

— Ah ! cria Martine triomphante, je savais bien, moi, qu'il y avait quelque chose pour nous !

Et elle courut prévenir Bernard qui travaillait dans le jardin, ratissant les allées où le pre-

Fig. 120. — Deux lettres ! Une de Pierre, une de Jeanne.

mier vent d'hiver amassait les débris de feuilles mortes qui tombaient une à une, mélancoliquement, des châtaigniers et des noyers.

Pendant ce temps, le vieux David se chauffait devant l'âtre, cassant une croûte et buvant un verre de vin.

jusqu'à ce que le message fût arrivé à destination. Il y avait alors un *Grand Maître des Coureurs de France* qui seul donnait l'autorisation de se servir des coureurs royaux. Lorsque ce service fut ouvert aux particuliers, il prit le nom de *Poste aux chevaux*. Plus tard, on supprima les chevaux de selle et on adopta des voitures qui transportaient les voyageurs et les dépêches. La direction générale des Postes a été réunie à celle des Télégraphes et est parfois confiée à un ministre. Il y a alors un ministère particulier, le *ministère des Postes et Télégraphes*. Le transport et la distribution des lettres se font sur les chemins de fer par les *bureaux ambulants*; sur les routes, par les *malles-*

Dans ce pays, le facteur n'est pas un vulgaire étranger. C'est presque un ami et souvent un confident*. Tout le monde n'y sait pas lire et écrire, comme les jeunes aujourd'hui, et c'est le facteur qui, le plus souvent, lit à haute voix au destinataire* la lettre qu'il lui apporte. Alors on lui dicte la réponse immédiatement, ou bien on le prie de repasser quelques jours plus tard pour la rédiger, et, toujours fidèle, le facteur revient, écrit, remporte le précieux papier et garde le secret.

Il en était ainsi pour le père David qui, depuis trois fois dix ans, cumulait les fonctions de distributeur, lecteur, écrivain public et confident.

FIG. 121. — Martine ayant ouvert la lettre en fit la lecture à haute voix.

Ce fut donc devant lui et sans crainte de lui révéler quelque importante nouvelle, que Martine ayant ouvert la première lettre en fit la lecture à haute voix (fig. 121) tandis que grand'mère tricotait et que Bernard allumait sa pipe.

---

poste; sur mer, par les *paquebots-poste;* dans les villes par des *facteurs;* dans les campagnes, par des piétons ou *facteurs ruraux.*

Un bureau de poste a à sa tête un *receveur* seul ou avec des aides appelés *commis.*

Outre les lettres ordinaires, la poste transporte encore les *lettres chargées,* contenant des valeurs, des sommes d'argent, représentées par des *mandats-poste,* des journaux, cartes de visite, papiers d'affaires, imprimés, échantillons.

Ce service est l'un des plus importants que l'on puisse trou-

Cette lettre était celle de Pierre. La voici :

Mon-Cay (Tonkin).

Mon cher père, ma chère grand'mère,

Quand vous recevrez cette lettre, je ne serai pas loin de quitter Mon-Cay pour revenir au pays. Trois ans se sont écoulés sans que je vous aie revus, et cela me sera un grand bonheur de me retrouver avec vous et de reprendre, auprès de mon père, mes occupations d'autrefois.

Vos lettres me sont régulièrement parvenues. J'ai appris avec une bien grande joie la nouvelle situation de Jeanne et cela ne m'a point étonné. Autrefois, au temps où elle apprenait à coudre, je me moquais de son zèle et de son habileté, mais quand je l'ai vue si tenace, si appliquée et en même temps si intelligente et si sage, j'ai bien pensé qu'elle finirait par trouver quelque chose de bon et qu'elle réussirait.

Quant à moi, mes chers parents, j'ai un grand projet, et comme j'éprouverais peut-être quelque peine à vous le dire de vive voix, je vais vous l'écrire. Comme ça, quand j'arriverai, vous serez fixés là-dessus et vous m'en parlerez d'abord, sans que j'aie besoin d'entamer la conversation sur ce sujet.

J'ai grande envie de me marier dès mon retour au pays. Mais je ne sais si la personne que j'ai en vue voudra de moi, car je ne suis pas beau, surtout après trois années de colonies *, et peut-être mon caractère ne lui plaira-t-il pas. Cependant elle me connaît bien, et depuis longtemps, car elle est une amie de Jeanne, et vous, chère grand'mère, vous l'aimez un peu comme si elle était votre petite-fille...

---

ver à cause de la minutie de l'organisation et de la ponctualité qu'il nécessite.

Jusqu'en 1849, les lettres transportées payaient un port qui variait suivant les distances. A cette époque, le port fut fixé à 20 centimes et varia ensuite, entre 20, 25 et 15 centimes, port admis aujourd'hui pour la France et les Colonies. Ce service rapporte à l'État un bénéfice d'environ 95 millions.

Pour tout dire, c'est à Martine que je pense, à Martine pour qui j'ai une grande amitié depuis longtemps, mais surtout depuis le jour où elle est venue demeurer chez nous. Quand vous m'avez dit, chère grand'mère et cher père, combien elle était bonne pour vous, comme elle vous entourait de soins et se montrait reconnaissante, mon affection pour elle a augmenté et je vois bien qu'aujourd'hui cela me ferait un grand chagrin de ne pas l'épouser.

Je ne vous en dirai pas davantage aujourd'hui, chers parents, car, maintenant que je suis sur ce chapitre, je ne saurais guère parler d'autre chose. J'ajouterai tout simplement que je vais bien, que j'ai hâte de partir et que je vous supplie de réfléchir à ce projet avant mon retour à Nanteuil afin que je sois fixé dès mon arrivée.

A bientôt, chère grand'mère, cher père. Je vous embrasse bien tendrement, je me plais à espérer que vous vous portez toujours bien. Je vous prie de dire bien des choses pour moi à Martine et de recevoir l'assurance de mes sentiments bien tendres et bien respectueux.

PIERRE BERNARD.

Le mariage de Martine est résolu. — Comme on le pense, cette lettre ne fut pas lue comme cela tout d'un trait, sans arrêt. Martine, devenue très rouge, s'embarrassait à chaque instant dans sa lecture, n'osant faire aucune réflexion, puisque Bernard et la grand'mère ne disaient rien. Mais au fond elle était très heureuse et très émue, car elle aussi aimait de tout son cœur et estimait beaucoup ce brave Pierre qui n'avait jamais donné aux siens aucun sujet de mécontentement.

Mais elle sentait la distance qui les séparait. Elle, orpheline, ne possédant rien, gagnant quelque argent à l'aide de son aiguille, et devant à la charité des Bernard le peu de joie qu'elle avait en ce monde ; lui, petit propriétaire et pouvant espérer être bien accueilli dans une famille de même situation.

Aussi elle se taisait, courbait la tête, comprenant bien que le moment était décisif.

Le silence dura encore quelques minutes, car les gens de campagne parlent peu, sont longs à se décider et n'ont pas de ces élans d'enthousiasme qu'on regrette ensuite.

Puis la grand'mère se leva, Bernard en fit autant et tous les deux, sans s'être consultés, se dirigèrent vers Martine. Ils lui prirent les mains (fig. 122) en lui disant : « Ma fille, ma chère enfant », et Martine comprit qu'ils consentaient et que le temps de son bonheur était proche.

Alors les larmes lui vinrent aux yeux; elle se jeta au cou de

Fig. 122. — Le mariage de Martine est résolu.

grand'mère Bernard, appuya sa tête sur l'épaule de la bonne vieille et se mit à pleurer doucement, de ces pleurs si doux qu'ils réjouissent le cœur et éveillent le sourire.

Le vieux David lui-même était très ému :

— Braves enfants! braves enfants! murmurait-il. Ah! ils me rappellent ma jeunesse et le temps où je demandai en mariage ma pauvre Toinon — que Dieu ait son âme! — à ses parents. C'était elle qui était riche et moi qui n'avais rien. Mais les parents ont consenti et pendant plus de trente ans nous avons été heureux... Allons, petite, essuie tes yeux et fais-nous un sourire. A quand la noce, madame Bernard?

— Sans tarder, père David, sans tarder, répondit la

grand'mère. Le plus tôt ne sera que le mieux ; il ne faut pas retarder le bonheur de ces enfants.

— Vous avez, ma foi, raison, madame Bernard... Mais le temps passe et j'ai encore bien des choses dans mon sac à distribuer avant ce soir. Bonjour la compagnie et bonne chance !

Et le vieux David s'éloigna.

— Maintenant, dit Bernard, déchirons la seconde enveloppe. Il ne faut pas que la joie nous fasse oublier notre chère fille. Car je suis bien sûre que l'autre lettre vient de Paris.

— Précisément, père Bernard, dit Martine. C'est Jeanne qui nous écrit... Ah! fit-elle en tournant et retournant le papier qu'elle avait retiré de l'enveloppe, il y en a bien long! Sûrement, les nouvelles seront bonnes. De Jeanne, il ne nous vient jamais que du contentement.

Et elle commença la lecture à haute voix :

Ma chère grand'mère, mon bon père,

Je vous ai dit, dans mes précédentes lettres, que je ne tarderais pas à entrer dans l'atelier de confection et j'y suis en effet depuis plus de quinze jours.

Là, vous pensez bien que j'ai été tout de suite à l'aise, car je ne me trouvais pas ignorante comme dans celui de modes et de lingerie, et, quoique notre façon de travailler ne ressemble point à celle qu'on avait à Périgueux, je ne me suis pas trouvée trop embarrassée dès le début. Pour couper les vêtements, nous employons de nouvelles méthodes qui sont vraiment très ingénieuses et nous prenons mesure aux clientes avec une attention et une minutie qu'on ne connaissait pas à l'atelier de Mlle Chardon. Nous établissons un patron pour chacune de nos clientes (fig. 123). Tous ces patrons sont étiquetés et numérotés et lorsqu'une de ces dames revient à nouveau pour se faire faire un vêtement, nous lui essayons son ancien patron, sur lequel nous opérons les retouches nécessaires ; car la taille peut varier, et, de la sorte, nous sommes sûres que notre cliente est toujours habillée à sa taille actuelle.

Nous cousons de très belles étoffes, pour une foule de grandes dames fort riches qui croient être plus jolies en dépensant beaucoup pour leur toilette. Moi, je trouve qu'elles se trompent ; elles n'en sont ni plus ni moins laides ou jolies,

Fig. 123. — Nous établissons un patron pour chacune de nos clientes.

mais c'est une manie des femmes riches, surtout à Paris où elles sont très coquettes.

Je n'ai rien de particulier à vous dire de mes compagnes d'atelier. Mme Rémy, la première, est une petite brune, très vive, très impatiente, qui veut que l'on ait compris avant même qu'elle ait fini d'expliquer les choses. Si elle est contrariée, elle a des attaques de nerfs (fig. 124), elle se tord les mains, elle pousse des cris. La première fois que je l'ai vue comme cela, j'ai été très effrayée. Je parlais d'aller chercher le médecin, d'appeler du secours. Mais les autres ouvrières n'étaient pas si émues que moi. « Ce n'est rien, laissez-la, disaient-elles, ça va revenir tout seul. Quand Mme Rémy est contrariée, c'est toujours comme ça et un quart d'heure après, il n'y paraît plus. » Pendant qu'elle était en cet état, Mme Stephen est entrée. Elle a froncé le sourcil et a paru très ennuyée de ce spectacle : « Encore ! a-t-elle dit, encore ! C'est insupportable à la fin. Qu'y a-t-il donc de nouveau ? »
— J'ai répondu : « C'est parce que Mme de Braisnes

renvoyé sa robe de velours dont la traîne n'est pas assez longue, en faisant dire qu'elle détestait les retouches et que si cela se renouvelait, elle aviserait. »

Mme Stephen a haussé les épaules et a regardé sévèrement Mme Rémy, qui a été tout de suite remise de sa crise de nerfs. Alors j'ai compris que tout cela est une comédie dont Mme Stephen est fort contrariée, ce qui ne contribuera pas à assurer la situation de Mme Rémy dans la maison.

Je suis toujours très heureuse, autant qu'on peut l'être quand on vit séparée de ses chers parents et en menant une vie de grand travail. Ce n'est pas cette dernière chose qui m'est pénible ; mais ne pas vous embrasser quand j'en ai bien

Fig. 124. — Mme Rémy a des attaques de nerfs.

envie, ne pas voir par moi-même comment vont vos santés, voilà qui m'est très dur.

J'espère que ma chère Martine continue à me remplacer de son mieux auprès de vous. Je lui envoie toutes sortes de bons souvenirs et je l'assure de ma grande affection.

J'ai reçu, il y a quelque temps, une lettre de Pierre. Il allait bien et me disait qu'il songeait à son retour à Nanteuil. Il ajoutait que, une fois là, il m'apprendrait peut-être une grande nouvelle, que tout son bonheur était entre les mains de quelqu'un que je connaissais bien... J'ai cru comprendre de quoi il s'agissait, et, s'il a pensé à se marier avec une jeune fille que j'aime beaucoup, — (Tu sais qui, Martine?) je ne pourrai qu'en être très heureuse pour lui et pour nous.

Je vois chaque semaine Mme Réal et cette pauvre Mme Dupont, dont je vous ai conté le grand malheur. Elle est toujours bien triste. Ses enfants, surtout la petite Claire, sont bien portants et gentils.

Au revoir, mes chers parents. Ne vous inquiétez pas de moi, je vous en prie. Je ne manque de rien, je me porte bien et j'espère que Dieu bénira mes efforts. Quelque chose me dit que ma situation se modifiera heureusement et bientôt.

Je vous embrasse tendrement, cher père, chère grand'-mère et toi, ma bonne Martine, et je vous prie de croire toujours à ma grande affection.

JEANNE BERNARD.

Les pressentiments de Jeanne. — Les pressentiments de Jeanne ne l'avaient point trompée.

Le soir même du jour où elle avait écrit la lettre qu'on vient de lire, Mme Stephen la fit appeler (fig. 125).

— Mademoiselle Bernard, lui dit-elle, vous avez été témoin aujourd'hui d'une aventure fort ridicule et qui se renouvelle malheureusement assez souvent. J'ai résolu de mettre fin à cette comédie insupportable. Je vais me séparer de Mme Rémy et Mlle Cordier, la seconde demoiselle, prendra sa place en attendant que vous-même vous puissiez.....

— Oh! madame, je suis si jeune et j'ai encore tant à apprendre! dit Jeanne confuse.

— Ne m'interrompez pas... Oui, en attendant que vous puissiez vous-même prendre cette place. Vous êtes jeune, je le sais, mais vous êtes très bien douée et surtout très sérieuse. Depuis plus de six mois que vous êtes ici, je n'ai eu qu'à me louer de vos services. Vous avez su voir clairement votre rôle et vous vous y êtes attachée comme peu de jeunes filles l'eussent fait à votre place. Si je ne comptais pas sur vous, qui aurais-je pour mon atelier de confection? Mlle Cordier est vieille et fatiguée, bientôt elle se retirera. Quand elle sera partie, qui prendra mes intérêts? Sera-ce

Fanny Legrand qui ne pense qu'à bien manger et à bien dormir? Lucie Pacot, qui lit des journaux en cachette au lieu de s'appliquer à son travail? Pauline Darimont, si coquette que son avenir m'épouvante?... Et les autres! Des rieuses, des étourdies, qui travaillent sans conscience, sans songer qu'elles ont leur position à faire ou une famille à soutenir. C'est donc à

Fig. 125. — Mme Stephen fit appeler Jeanne.

vous, mademoiselle Jeanne, que j'ai pensé. Dès aujourd'hui, tout en travaillant sous les ordres de Mlle Cordier, songez que vous faites non un apprentissage proprement dit, mais un apprentissage de première ouvrière d'atelier. Étudiez les caractères; voyez comment on commande pour être bien obéie. Étudiez aussi les différents procédés de coupe, examinez les étoffes afin de reconnaître leur qualité, ce qui vous permettra de donner d'utiles conseils aux dames nos clientes, enfin imaginez-vous que vous êtes ma fille, appelée à me seconder en tout et faites comme vous feriez en pareil cas.

Dèsle lendemain, il fut fait comme Mme Stephen l'avait dit. Mme Rémy fut congédiée, Mlle Cordier prenait son emploi, en étant prévenue que cette situation n'était que provisoire, et Jeanne, tout en ayant l'air de n'être qu'une simple ouvrière, étudiait tout, examinait tout, se rendait compte de tout, comme si, du jour au lendemain, elle eût dû être appelée à prendre la direction de l'atelier.

Un événement imprévu allait la mettre à même de montrer bien mieux encore toutes ses capacités.

CHAPITRE XX

NOUVELLE POSITION DE JEANNE DANS LA MAISON STEPHEN-MAUCOURT

La santé de Mme Stephen est gravement atteinte. — Un matin, trois mois environ après ces derniers évéments, une triste nouvelle se répandit dans les ateliers. Dans la nuit, Mme Stephen avait été prise d'une indisposition très grave. Le médecin, appelé en toute hâte, avait déclaré qu'il n'y avait là rien d'immédiatement dangereux pour la vie de Mme Stephen, mais que la chose était pourtant fort sérieuse, à cause des suites qu'elle pourrait avoir.

En effet, Mme Stephen avait eu une congestion * à la tête ; elle avait perdu connaissance pendant plusieurs heures, et, quand elle était revenue à elle, elle ne pouvait remuer le côté droit de son corps. Elle avait ce qu'on appelle une **hémiplégie**.

HYGIÈNE : **Hémiplégie.** — L'hémiplégie est la paralysie * d'une moitié du corps. Elle provient d'une *lésion* de la substance cérébrale. Quelquefois elle survient à la suite d'une chute, d'une blessure ou d'une congestion cérébrale ; elle peut être aussi causée par l'excès de fatigue, de quelque sorte qu'il soit.

La *paralysie* est presque toujours une maladie incurable * ; cependant on peut y apporter quelques adoucissements par les frictions, avec des pommades irritantes, le massage *, les cautères *, les douches et par l'emploi de l'électricité.

Les symptômes de la paralysie sont : l'affaiblissement de la

Mme Stephen avait beaucoup travaillé depuis long-temps et elle avait commencé très jeune. La fatigue physique et morale qu'elle avait eue à supporter l'avait minée sourdement. Son courage, qui était très grand, lui faisait dissimuler ses fatigues, mais celles-ci n'en existaient pas moins et elles eurent pour résultat cette affreuse maladie qui la privait, toute jeune encore, de mener l'existence des femmes de son âge.

Fig. 126. — Ce fut une grande douleur pour elle...

Ce fut une grande douleur pour elle que de se voir ainsi paralysée (fig. 126), à trente-six ans à peine, et incapable de continuer dans la maison le rôle qu'elle s'était imposé. On lui dissimula autant qu'on put la gravité de son état, on lui fit espérer qu'il était passager et que, dans quelques mois, il n'y paraîtrait plus. Elle le crut et cet espoir lui rendit assez de forces pour que trois ou quatre jours après elle pût convoquer auprès d'elle les premières d'atelier (fig. 127), la première du magasin et Jeanne.

Elle leur exposa sa situation, leur dit le chagrin

---

force musculaire, l'embarras de la parole, la peine qu'on éprouve à marcher, à serrer fortement un objet dans les mains, etc...

Ce qui rend l'*hémiplégie* si grave, c'est qu'elle annonce presque toujours la paralysie complète et par suite la mort de la personne qui en est atteinte.

Fig. 127. — Mᵐᵉ Stephen convoque ses premières d'atelier.

qu'elle éprouvait de se sentir ainsi frappée et leur demanda d'être plus que jamais zélées et sérieuses dans leur rôle auprès de leurs ouvrières et autres employées. Puis se tournant vers Jeanne :

— Voici, mesdames, leur dit-elle, celle que j'ai choisie pour me remplacer auprès de vous. Elle est encore bien jeune, mais elle s'est montrée d'une raison si parfaite que vous lui accorderez toute la déférence qui lui est due. Elle servira d'intermédiaire entre vous et moi puisque me voilà infirme; elle vous transmettra mes ordres et me rendra compte de ce qui se passera dans les différents ateliers et magasins. Vous voudrez bien ne rien faire sans la prévenir, ne rien modifier, ne rien acheter, n'accepter aucune offre, ne rien payer sans lui en avoir parlé. Elle me transmettra tout ce que vous aurez à dire et vous donnera mes instructions.

Le même jour, Jeanne prenait ses nouvelles fonctions.

Les jeunes filles qui lisent cette histoire s'étonneront peut-être de voir notre héroïne arriver si jeune à un poste de confiance aussi élevé que celui-ci. Elles penseront que cette histoire ayant été inventée à plaisir, il n'a pas été difficile d'imaginer une jeune fille extraordinaire, parée de toutes sortes de vertus et douée d'une intelligence et d'une raison peu communes. Elles diront que le hasard n'amène pas de pareils événements et que l'on n'arrive jamais à de telles situations en étant partie d'un petit village.

Qu'elles se détrompent. Et d'abord, qu'elles sachent que cette histoire est vraie en grande partie et que l'auteur n'a eu autre chose à faire qu'à y ajouter quelques petits détails permettant de relier les événements entre eux.

Jeanne commet quelques erreurs. — Il ne

faut pas croire que notre petite Jeanne fût parfaite et qu'elle ne commît jamais aucune maladresse.

Les premiers temps où elle remplit ainsi entre Mme Stephen et les ateliers ce rôle d'intermédiaire, elle se trompa plus d'une fois. Il lui arriva, comme à toute personne occupant très jeune un emploi considérable, de commettre des fautes que l'expérience lui eût fait éviter. Ainsi, certain jour, elle blessa, sans le vouloir assurément, mais un peu maladroitement, Mlle Bonnardeau qui avait décidé, sans consulter Jeanne, de remplacer par une dentelle de Malines la dentelle de Valenciennes dont on était convenu de garnir un peignoir. Jeanne fit observer avec trop de vivacité à la pauvre demoiselle qu'une substitution de ce genre augmentait le prix du vêtement et que, par conséquent, la maison n'aurait pas sur cet article le même bénéfice; que le prix convenu n'ayant pu être maintenu, il n'aurait fallu prendre aucune décision sans l'en prévenir. Mlle Bonnardeau se mit à pleurer et déclara que, depuis dix ans, on ne lui avait pas parlé de la sorte et qu'elle quitterait la maison plutôt que de se voir commander ainsi par une enfant, etc., etc.

Jeanne ayant compris qu'en effet elle avait manqué de tact*, alla trouver le soir Mlle Bonnardeau, pendant qu'elle était seule à l'atelier, et s'excusa de son mieux. Cette démarche lui coûta fort et l'humilia un peu, mais elle pensa qu'il valait mieux la faire que de voir la maison Stephen perdre une de ses ouvrières les meilleures et les plus dévouées.

Un peu plus tard, un coupon de velours et une demi-pièce de soie disparurent de l'atelier de couture. Jeanne fut très affligée. Elle se reprocha sa trop grande confiance, elle sentit qu'elle ne surveillait pas d'assez près tout le monde et redoubla de zèle afin de découvrir la coupable, si c'était possible.

13

Cependant, au bout de quelques semaines, Jeanne fut moins troublée. Elle s'habituait à commander, chose très difficile, et après avoir été un peu malhabile dans cet office, elle finit par le faire avec tant de bonne grâce, de tact et d'à-propos que chacun, sans remarquer son âge, se mit à lui obéir et à la respecter comme si elle avait eu cinquante ans.

Et pourtant, elle en était loin de cet âge, notre héroïne. Elle allait avoir vingt et un ans, être majeure, c'est vrai, mais, même à vingt et un ans, on est encore bien jeune, on a besoin de beaucoup de conseils. Jeanne le sentait et ne dédaignait jamais ceux que lui donnaient ses amis.

CHAPITRE XXI

LE MARIAGE DE MARTINE

Jeanne revient passer quelques jours au village. — Pierre était revenu à Nanteuil. Son mariage avait été fixé au printemps suivant, et Jeanne apprit cette nouvelle avec une grande joie. Elle réclama la faveur de faire la robe blanche de Martine et celle-ci fut toute contente d'accepter la proposition. Pensez donc ! Une robe faite à Paris ! dans une grande maison ! Mais Jeanne ne donna aucun détail sur la confection de ce vêtement, se réservant de faire pour cela ce que son bon sens lui commanderait.

Mme Stephen lui accorda huit jours de congé et, un beau matin du mois d'avril, elle partit pour Nanteuil.

Le voyage se fit sans aucun incident, mais lorsque Jeanne aperçut au loin le clocher de son village (fig. 128), son cœur se mit à battre bien fort et des larmes lui vinrent aux yeux. C'est une si douce chose que de

revoir le pays où l'on a vécu enfant, de retrouver les
sentiers si connus où l'on allait cueillir les mûres ou les
noisettes, les voisins qui ont vieilli, les enfants qui ont
grandi, les arbres qui ont poussé et la maison paternelle
avec ses murs gris et son toit moussu à laquelle on a
si souvent pensé en des jours de tristesse!

Jeanne éprouvait tout cela. Et, quand elle franchit le

Fig. 128. — Lorsque Jeanne aperçut au loin le clocher de son village,
son cœur se mit à battre bien fort.

seuil de la vieille maison où l'attendaient impatiemment
grand'mère Bernard et son père et son frère et sa chère
Martine, elle sentit dans son cœur comme une défail-
lance... Mais c'était le plaisir, le bonheur, qui causaient
son émotion et elle fut bientôt remise.

Les premiers épanchements furent très doux. On
avait tant à dire! Mais, avant tout, on avait à se regarder mutuellement. Et les exclamations se croisaient :

— Grand'mère est toujours la même, elle n'a pas du
tout vieilli!

— Et toi, comme tu es devenue forte et belle! Ce

n'est pas la paresse cependant, n'est-ce pas? qui a fait ta santé.

— Et mon père! Il n'a pas encore la barbe grise.

— Je n'en suis pas moins un vieux, ma Jeanne. Sais-tu que j'aurai cinquante-deux ans à la Saint-Louis!

— Et Martine! Et Pierre! Comme ils ont l'air heureux! Ah! les sournois! Ils ne disaient rien de leurs projets, mais ils n'en pensaient pas moins.

Puis l'on parlait des gens du pays. Tel était mort, telle était mariée, telle avait quitté Nanteuil, telle autre était ruinée et avait dû se placer comme domestique.

— Et mesdemoiselles Chardon? dit tout à coup Jeanne, vous ne m'avez pas donné de leurs nouvelles, il y a bien longtemps?

— Mlle Irma est morte il y a un mois et Mlle Élodie vit toujours. C'est une bien bonne et bien respectable demoiselle qui ne parle de toi qu'avec admiration.

— Il n'y a pas de quoi, fit Jeanne en riant. Tout le monde à ma place en aurait fait autant et je vous assure que j'ai eu bien de la chance, depuis le jour où je vous ai quittés.

— La chance... la chance..., fit le père en secouant la tête, moi je n'y crois point. Combien d'autres, à ta place, se seraient dégoûtées des difficultés du métier, n'auraient pensé qu'à en changer, à aller d'atelier en atelier. Toi, tu as fait tranquillement ton petit bonhomme de chemin, acceptant les choses quand elles sont venues et les secondant par ton application. Beaucoup de gens croient au hasard; ils ont tort. Le hasard, on le fait naître, on le cherche, on le provoque quand on n'est pas paresseux. Et il arrive que plus tard, lorsque après beaucoup d'efforts on a réussi, les gens viennent vous dire : « Vous avez été servi par le hasard. » Mais non, faudrait-il leur répondre, le hasard de ce genre a été offert à bien d'autres comme à moi, mais ils l'ont refusé, ils ne l'ont pas vu ou n'ont pas su s'en servir. Servez le hasard par le travail et la bonne conduite, vous finirez toujours par vous tirer d'affaire.

La robe de mariée. — Mais Jeanne s'apercevait que Martine avait bien envie de voir la robe qui lui était destinée et la malle de Jeanne fut ouverte. Elle en tira une très jolie et très simple robe de laine blanche (fig. 127) tout unie, un peu longue et dont toute la beauté était sa forme élégante et la qualité du tissu.

Martine fut un peu étonnée; car elle s'attendait à quelque chose d'extraordinaire, du moment où cela lui était apporté par Jeanne. Mais celle-ci, en fille pleine de bon sens qu'elle était, avait compris

Fig. 129. — Elle en tira une très jolie et très simple robe de laine blanche.

qu'il ne faut jamais, même dans les grandes occasions, se départir de la simplicité convenant à la position qu'on occupe dans le monde. Martine, pauvre orpheline, adoptée par la famille Bernard, leur devant tout ce qu'elle avait, épousant le fils d'un cultivateur, et qui était cultivateur lui-même, ne devait porter, le jour de son mariage, qu'un très simple costume.

Ce fut ce que Jeanne expliqua à Martine, sans avoir l'air de lui donner une leçon et avec le tact qu'elle avait en toute occasion. Martine la comprit et, l'embrassant avec effusion, elle la remercia de tout cœur du joli cadeau que sa sœur et amie lui faisait.

Quant à grand'mère, elle reçut de Jeanne un beau foulard de soie noire, puisque, selon la coutume du pays, elle se coiffait avec un fichu qui lui enfermait la tête et laissait à peine apercevoir les cheveux. Puis, grand'mère n'était point coquette. Son âge et le grand deuil qu'elle n'avait jamais quitté le lui interdisaient; car, dans ce pays, même aujourd'hui encore, les femmes veuves conservent toujours le deuil de leur mari; c'est une coutume bien touchante qui n'est presque jamais violée par un second mariage.

Fig. 130. — Le mariage eut lieu sans incident à signaler.

Le mariage eut lieu (fig. 130) sans incident à signaler. Le lendemain de ce grand jour, Jeanne reprenait le train et repartait pour Paris. Elle emportait dans son cœur une bonne provision de courage et beaucoup de bons souvenirs qui allaient l'aider à continuer de son mieux sa pénible tâche.

Elle était heureuse d'avoir vu ses chers parents et d'avoir causé avec eux de tous ces Parisiens qu'elle aimait et qu'ils n'avaient jamais vus. Les noms de Mme Stephen et de sa famille, de Mme Réal et de Juliette Dupont étaient bien souvent revenus dans la conversation. Et il semblait à Jeanne que ses parents, en les connaissant même de cette façon bien sommaire, étaient pour ainsi dire rapprochés d'elle, puisqu'ils pouvaient, à tout instant, se la figurer causant avec les uns ou les autres, tous gens qu'ils pouvaient appeler par leurs noms.

C'est ainsi que, lorsqu'on est éloigné de ceux qu'on aime, on découvre, en les cherchant, mille petits moyens de se tromper soi-même et de supporter plus facilement la séparation.

CHAPITRE XXII

MORT DE Mme STEPHEN. — M. DUMÉNIL

L'état de Mme Stephen devient plus grave. — Le temps s'écoulait avec une rapidité prodigieuse dans la maison Stephen-Maucourt. On y était si occupé!

— Quoi! il y a deux ans que Pierre et Martine sont mariés?

— Oui.

— Quoi! il y a quatre ans que Jeanne est entrée chez Mme Stephen?

— Oui.

— Quoi! il y a près de cinq ans qu'elle est à Paris?

— Oui.

Cinq ans déjà! Et depuis, bien peu d'événements ont rempli l'existence de Jeanne, mais tous ont été considérables.

Maintenant la maladie de Mme Stephen prend de jour en jour plus de gravité. La paralysie*, qui était partielle, devient peu à peu générale, et la malade s'affaiblit de plus en plus.

Dans la maison, la désolation s'est répandue. Quand

on a appris qu'il n'y avait plus d'espoir, qu'il fallait.
d'un jour à l'autre, s'attendre à un fatal dénouement,
bien des yeux ont pleuré, car Mme Stephen, étant la
bonté et la justice mêmes, était très aimée de tout son
personnel.

M. Stephen-Maucourt ne la quittait plus (fig. 131).
Il la soignait avec un dévouement admirable, pendant

Fig. 131. — M. Stephen ne quittait plus
sa femme.

que la pauvre demoiselle Besson, toujours en larmes, — car elle était d'une sensibilité que rien ne pouvait contenir, — gardait les enfants dans leurs chambres, les conduisait à la promenade, les distrayait de son mieux, pour qu'ils ne pussent pas troubler le silence nécessaire à la chère malade.

Jeanne se multipliait. Pendant ces deux dernières
années, on avait si bien pris l'habitude de s'adresser à
elle pour tout, que le commerce et les affaires ne souf-
fraient nullement de l'absence de la véritable maîtresse.

Jeanne, avec ses vingt-trois ans, avait su se faire
respecter et obéir parce que ses ordres étaient toujours
empreints de la plus parfaite sagesse. Et puis elle
avait un air si comme il faut et si doux! Elle semblait
toujours dire : « Moi, je ne suis rien, mais je parle au
nom de quelqu'un qui est tout. » Alors on n'éprouvait
aucune peine ni aucune humiliation à faire ce qu'elle
demandait.

De plus, on pense bien qu'au point de vue matériel, sa position s'était améliorée. Maintenant elle
gagnait deux cents francs par mois, toujours avec
la table et le logement, ce qui représentait à peu près
une position de quatre mille francs par an. Mais elle
n'était pas parvenue à cela tout d'un coup, puisque,
comme on l'a vu, quatre années auparavant, elle était
entrée dans la maison à soixante francs par mois seulement.

Mort de Mme Stephen. — Enfin le terrible dénouement *, que l'on prévoyait depuis si longtemps,

Fig. 132. — Jeanne, debout, pleurait silencieusement.

arriva. Mme Stephen mourut, ayant à peine quarante
ans, laissant une maison importante, un mari qui
n'entendait rien aux affaires, et deux enfants trop jeunes
pour pouvoir, de longtemps encore, s'en occuper.

Ce coup fut très cruel pour Jeanne. Depuis le jour
où, grâce à Mme Réal, Jeanne avait pu pénétrer dans
cette maison, elle s'était senti une très vive sympathie

pour cette femme, que tout le monde entourait d'affection et de respect.

Quand elle l'avait bien connue, elle l'avait encore plus aimée, tant elle avait découvert en elle de rares qualités. Et lorsqu'elle avait pénétré dans l'intérieur de la famille, qu'elle avait vu la place importante qu'elle y tenait, l'ordre qui y régnait, la bonne administration de toute chose, son affection s'était doublée d'une admiration profonde.

Maintenant c'était fini. Ce beau cœur avait cessé de battre ; cette riche activité, ruinée par l'excès du travail, n'était plus que l'immobilité du tombeau.

Devant le lit où elle reposait, couverte par les fleurs qui, de toutes parts, lui avaient été apportées, Jeanne debout (fig. 132), pleurait silencieusement. Elle se jurait à elle-même de tout faire pour soutenir cette maison où sa bienfaitrice l'avait introduite et pour aider à l'avenir de ces deux enfants qui perdaient la plus tendre et la plus vaillante des mères.

Le lendemain de l'enterrement, M. Stephen fit appeler Jeanne auprès de lui :

— Mademoiselle, lui dit-il, j'ai pu, durant ces dernières semaines, apprécier à sa juste valeur votre caractère, votre intelligence, la bonté de votre cœur et la profondeur de votre dévouement. Je viens vous demander, au nom de mes enfants dont vous tenez la fortune entre les mains, de ne pas nous abandonner. Plusieurs mois vont s'écouler avant que la situation pécuniaire soit liquidée, car il est nécessaire de remplir certaines formalités, puisque ma pauvre femme a laissé des enfants mineurs. Peut-être, une fois ces formalités remplies, songerai-je à une combinaison dont je vous parlerai plus tard. Pour le moment, je vous supplie de demeurer avec nous comme vous y êtes et dans les mêmes conditions. Je vous demande, en outre, de vouloir bien accepter la tutelle morale de mes chers enfants, Lucie et Georges. Certes, Mlle Besson est bien bonne pour eux, mais elle a su plutôt s'en faire craindre que s'en faire aimer. Vivez donc un peu auprès de nous ; votre présence à notre table deux fois par jour et, le soir, à notre foyer, sera pour nous une consolation, et pour mes chers enfants quelque chose comme un reflet d'une autre présence qui.....

M. Stephen n'acheva pas, les larmes le gagnaient. L'émotion s'empara de Jeanne. Elle aussi se mit à pleurer, et ce fut en cet état qu'elle remercia M. Stephen de l'honorer d'une si grande confiance et promit de persévérer dans la voie où elle marchait.

Jeanne remplit l'office de patronne. — Pendant plusieurs mois, Jeanne conduisit donc entièrement cette importante maison de couture (fig. 133).

Fig. 133. — Pendant plusieurs mois, Jeanne conduisit cette importante maison.

Outre la surveillance des ateliers où elle ne cessait d'exercer son autorité si douce et son contrôle* clairvoyant, elle était obligée maintenant de veiller à la comptabilité et de recevoir la clientèle*. Ces deux choses nécessitaient des qualités bien différentes et jusqu'à ce jour Jeanne ne les avait faites qu'à demi. Elle était aidée dans cette tâche par un **comptable** dont Mme Stephen jusqu'à son dernier

---

moment avait vérifié elle-même les écritures en se faisant apporter les livres sur son lit, et par les premières ouvrières de chaque atelier qu'elle initiait
ainsi peu à peu à l'art de plaire aux clientes, chose peu
commode parfois.

Maintenant aussi, c'était elle qui recevait les voyageurs et les représentants des **maisons de gros** qui

---

tenir les comptes en règle. Un commerçant ne peut bien connaître ses affaires qu'à l'aide d'une comptabilité rigoureuse. La
loi l'oblige à en tenir une. La comptabilité s'appelle aussi Tenue
des livres.

La tenue des livres en **partie simple** nécessite trois livres seulement : le *brouillard*, où le commerçant inscrit ses opérations
d'achat et de vente au fur et à mesure qu'il les fait ; le *journal*,
sur lequel il relève les écritures du brouillard ; le *grand-livre*,
où le négociant ouvre un compte à tous ceux avec qui il est en
affaires. A ces livres, on ajoute un *Livre de caisse*, sur lequel on
note les sommes qui entrent dans la caisse et celles qui en sortent chaque jour. C'est sur ce livre, par conséquent, que figu-
rent les opérations faites *au comptant.*

La comptabilité en **partie double** permet de suivre chacune
des affaires d'un commerçant dans tous ses détails, grâce au
procédé suivant : Le commerçant se personnifie, pour ainsi
dire, dans chacune des parties dont se compose son commerce,
de telle sorte qu'en ouvrant un compte à chacune de ces parties,
il peut supposer qu'elles achètent, payent, vendent, récipro-
quement. Ces parties sont au nombre de six, qui donnent lieu à
des comptes correspondants. Ce sont : 1° Argent (Compte de
Caisse); 2° Marchandises (C. de *Marchandises générales*); Effets à
payer (C. d'*Effets à payer*); Effets à recevoir (C. d'*Effets à recevoir*);
Profits et pertes (C. de *Profits et pertes*); Capital possédé par le
commerçant, valeurs, immeubles, sommes d'argent diverses,
etc... (C. de *Capital*). Tous ces comptes sont supposés donner,
recevoir, emprunter, s'acquitter, de telle sorte qu'une écriture
passée sur un de ces comptes est toujours vérifiée par l'écriture
passée sur le compte correspondant. D'où le nom de comptabilité en partie double.

Il existe aussi des livres auxiliaires qui sont, outre le *livre de
caisse* : le *carnet d'échéances*, le *copie de lettres*, le *livre d'inven-
taires*, et plusieurs autres qui varient suivant la nature du commerce de chaque négociant.

Leçon de choses : **Commerce de gros :** On appelle commerce
de gros, le commerce qui ne porte que sur de grandes quantités
des mêmes objets vendus à la fois, par opposition au **commerce**

envoyaient ceux-ci avec les échantillons des nouveautés préparées pour la saison suivante. Et c'étaient des prix à débattre, des qualités d'étoffes diverses à apprécier :

— Vraiment, monsieur, est-ce tout laine?

— Oui, mademoiselle, sûrement, en belle laine mérinos, un article français, tout ce qui se fait de plus beau.

— Prenez garde, monsieur, s'il y a du coton, vous perdrez notre clientèle; car nous avons l'habitude de garantir nos étoffes aux clientes, mais, en retour, nous voulons que les étoffes nous soient garanties par le fabricant.

Ainsi parlait Jeanne, avec autant d'expérience et de sérieux que si, de toute sa vie, elle n'eût fait autre chose que d'examiner et d'acheter des étoffes.

Ou bien encore, s'il s'agissait d'un achat de fleurs et de plumes pour l'atelier de modes :

— Voilà un article de fabrication étrangère, disait-elle. Je le connais et je n'en veux pas. Je veux des fleurs fabriquées à Paris. Comme elles sont plus légères, plus souples et plus fraîches que les autres! Oh! je sais bien ce que vous allez me dire: « C'est meilleur marché. » Mais je préfère mettre un peu plus

---

de détail qui se fait en vendant des objets par très petites quantités et même par unités.

Les grandes villes manufacturières sont aussi des centres pour le commerce en gros, car les commerçants ont tout avantage de se trouver en communication facile avec les fabricants. Paris est le point principal où l'on trouve, en France, tous les commerces en gros; mais cependant, les grandes villes de province ont leur spécialité : à Bordeaux, les **vins**; à Lyon, les **soieries**; à Saint-Étienne, les **rubans**; à Tarare, les **mousselines**; à Marseille, les **épices**; à Rouen, les **toiles**; à Roubaix, à Elbeuf, les **laines, les draps**; à Angoulême, le **papier**, etc..., etc...

Les commerçants en gros, ayant acheté leurs marchandises en fabrique les vendent, en prélevant un bénéfice, aux commerçants de détail qui les vendent ensuite aux particuliers en prélevant eux-même un autre bénéfice.

cher, moins gagner, mieux contenter mes clientes et ne pas encourager la concurrence * faite à mon pays.

En l'entendant parler ainsi, les marchands étaient étonnés. Ils n'étaient pas habitués à ce langage si ferme, si digne, si élevé. Car, la plupart du temps, les commerçants sacrifient leurs véritables intérêts pour un bénéfice immédiat, ce dont plus tard ils se repentent.

D'autres fois, c'étaient de belles dentelles qu'on lui apportait à choisir, et il fallait qu'elle sût reconnaître les vraies des fausses, sans se tromper, quelque habiles que fussent les imitations, et aujourd'hui on imite si bien!

Tout cela, Jeanne l'accomplissait avec cette aisance que, depuis près de dix ans, elle apportait dans les choses de son métier. Aussi, comme elle était admirée et estimée de tous les fournisseurs de la maison!

Avec la clientèle *, c'était autre chose. Même dans les moments où Jeanne était le plus pressée, elle ne recevait jamais mal une cliente, alors même que celle-ci venait pour se plaindre, ce qui arrivait bien parfois, quelques précautions qu'elle prît pour qu'il n'en fût rien. Là c'était une autre affaire. Elle déployait des qualités de douceur, de convenance. Patiemment elle laissait parler la dame qui s'exprimait presque toujours avec une volubilité * insupportable, et tout de suite elle consentait à la retouche, à la réparation, à l'arrangement demandé, tant et si bien que la cliente fâchée se transformait tout d'un coup en cliente gracieuse et fidèle.

Histoire de M. Duménil. — Ces qualités si différentes frappaient toutes les personnes d'expérience qui voyaient Jeanne dans les magasins, entourée de son personnel, au milieu des allées et des venues de tout le monde, et qui rencontraient en elle toujours la même sûreté de coup d'œil et la même égalité d'humeur.

Parmi ceux qui l'admiraient le plus, se trouvait le

voyageur d'une importante maison de soieries de Lyon *, M. Édouard Duménil (fig. 134) qui, plusieurs fois, l'avait vue aux prises avec certaines difficultés dont elle s'était toujours tirée honorablement.

M. Édouard Duménil avait trente-quatre ans. C'était un garçon intelligent et doux, de bonnes manières, qui ne devait qu'à lui-même ce qu'il était.

Fils d'un humble commerçant d'un village de Picardie * il avait été envoyé à Paris par son père, il y avait tantôt seize ans, pour y apprendre le commerce. C'était un garçon travailleur et économe qui employait à des lectures instructives le peu de temps que lui laissait la place qu'il occupa, dès son arrivée à Paris, au magasin du *Bon Marché*.

Fig. 134. — M. Duménil.

Il n'avait jamais eu qu'un rêve : Parvenir par son propre travail à se faire une situation indépendante, et peu à peu il avait réalisé son espérance.

Il n'avait pas été le seul à bénéficier de ce résultat. Grâce à l'argent qu'il économisait chaque année, il avait pu acheter à ses parents une maisonnette à la campagne et les y installer confortablement après qu'ils eurent vendu leur fonds. Et c'était pour ce fils une douce joie que de voir son père et sa mère se reposer, grâce à lui, avant d'être arrivés aux limites de l'extrême vieillesse, et goûter enfin la joie qu'il leur avait acquise au prix de bien des efforts.

Il y avait donc quelque ressemblance de caractère entre Jeanne et lui, à cela près que notre jeune héroïne n'avait pu encore faire beaucoup, elle. Cependant, tous les six mois, un bon mandat-poste partait de Paris à l'adresse de Jean Bernard, et c'était Jeanne qui l'envoyait, demandant à son père qu'il voulût bien se servir de cela pour augmenter son bien-être, ou apporter quelque amélioration dans la petite propriété, ou pour acheter un nouvel outil, un nouvel engrais, etc... Enfin, la bonne fille, — comme M. Édouard Duménil, — trouvait toujours, elle aussi, mille prétextes pour couvrir sa générosité.

M. Stephen-Maucourt voudrait quitter les affaires. — Aussitôt après la mort de sa femme, M. Stephen-Maucourt s'était retiré à Passy * dans un petit hôtel (fig. 135) qu'il venait de faire construire et où il avait espéré conduire un jour sa chère malade.

Mais le sort en avait décidé autrement et il avait dû s'y installer seul avec Lucie, Georges et Mlle Besson.

Est-il rien de plus triste que de s'en aller habiter une maison que l'on a fait édifier pour un être disparu et qui n'a pu en jouir? Tout rappelle de meilleurs jours, les espérances que l'on avait caressées, les vœux qui ne se sont pas réalisés... Là devait être la chambre de la pauvre malade, si bien organisée pour qu'elle y

---

LEÇON DE CHOSES : **Engrais :** Les engrais sont des matières qui, mêlées à la terre, en augmentent la fertilité.

Il y a des engrais **animaux**, des engrais **végétaux** et des engrais **mixtes**. Les engrais *animaux* sont le sang, la chair des animaux morts, le purin, les excréments, etc...; les engrais *végétaux* sont : les mauvaises herbes, les gazons, le chaume, les feuilles de buis, les goémons, les algues, etc...; les engrais *mixtes* sont les fumiers, qui renferment à la fois des débris végétaux et des débris animaux.

Tous ces engrais sont appelés **naturels**, parce qu'on les emploie tels que la nature les fournit. Les engrais **artificiels** sont des substances minérales qui, mélangées à la terre, la rendent plus fertile. Tels sont les phosphates de chaux et les nitrates.

trouvât tout à souhait, et l'ameublement* dont elle avait elle-même choisi la couleur et le genre, et le jardin où s'épanouissaient les fleurs qu'elle aimait, et les mille choses enfin aménagées et disposées pour elle.

Désormais, c'était là, au milieu de tous ces souvenirs, que M. Stéphen devait passer sa vie.

Fig. 135. — La propriété de M. Stephen-Mancourt à Passy.

Il voulait renoncer au commerce, ayant gagné assez d'argent pour doter ses enfants et les établir. Il s'occuperait lui-même de leur instruction et ce serait pour lui une grande consolation que de les garder auprès de lui et d'achever leur éducation.

Quant à sa maison, il la vendrait. Oui, mais une maison aussi considérable et qui vaut si cher est difficile à vendre. On trouve tous les jours des acquéreurs, pouvant dépenser 10,000 francs. Mais quand il s'agit d'en dépenser plusieurs centaines de mille, les acheteurs se font rares... Que faire, alors, que faire?...

Un certain jour, M. Stephen en était encore là de ces réflexions, quand on sonna à sa porte.

Le domestique alla ouvrir et bientôt après apportait à M. Stephen une **carte de visite** où il lut ce nom : *Édouard Duménil.*

— Faites entrer, dit M. Stephen.

Une demande en mariage. — M. Édouard
Duménil entra (fig. 136).

Les deux hommes se regardèrent d'abord un peu
embarrassés, car ils ne se connaissaient point.

— Monsieur, dit M. Édouard Duménil, je viens faire
auprès de vous une démarche que votre estime pour
la personne dont je veux
vous entretenir, peut
seule·excuser. Je vous
prie donc de me par-
donner au nom de cette
personne que je vais
vous nommer tout à
l'heure.

Fig. 136. — M. Édouard Duménil
entra.

« Voici de quoi il
s'agit : Je suis représentant de la maison Ri-
chard frères, de Lyon.
J'ai fait des affaires
avec Mme Stephen-
Maucourt, de regrettée
mémoire. Chez vous,
monsieur, j'ai eu aussi
l'occasion de connaître Mlle Jeanne Bernard, qui, après
avoir été votre première employée et ouvrière, est

---

sont de petits morceaux de carton blanc sur lesquels sont inscrits
le nom et l'adresse de la personne qui les emploie. On laisse
cette carte dans une maison où l'on s'est présenté pour faire
une visite, si l'on ne trouve pas la personne qu'on allait visiter.

Les cartes de visite doivent être très simples, ne révéler aucune
prétention et ne présenter aucun ornement. En cas de deuil, ces
cartes sont bordées de noir et la bordure est plus ou moins
large suivant la sévérité du deuil que l'on porte.

Il est admis d'envoyer par la poste les cartes de visite au Jour
de l'an, à l'occasion d'un *mariage*, d'un *enterrement*, d'une *fête*,
si l'on n'y peut assister après en avoir été prié; pour prévenir

devenue, ce me semble, depuis la mort de Mme Stephen, l'âme de la maison. Monsieur, continua-t-il, j'ai été d'abord surpris, puis très profondément touché par les rares qualités que j'ai reconnues chez cette jeune personne. Je ne vous dissimulerai pas que j'éprouve pour elle une très grande affection et que je serais heureux qu'elle voulût m'accepter pour époux. Enfin, monsieur, je viens vous prier de lui dire la démarche que je fais auprès de vous en lui demandant s'il ne lui déplairait pas d'agréer tous mes vœux.

Un éclair de plaisir passa sur le visage de M. Stephen. Cet homme était bon, et, au milieu de sa douleur, il savait encore se réjouir du bonheur des autres.

— Monsieur Duménil, dit-il, votre démarche m'honore beaucoup, et elle n'honore pas moins la personne qui en est l'objet. Mais je vous connais depuis quelques minutes à peine et avant d'en dire quoi que ce soit à Mlle Bernard, il faut que je sache bien des choses sur vous. Vous m'excuserez donc de vous prier de me donner ces détails et je ne demanderai pas mieux ensuite que de vous servir.

M. Duménil comprit parfaitement les scrupules* de M. Stephen à son endroit. Ils lui furent un témoignage de l'intérêt très vif qu'il prenait au bonheur de la jeune fille, et il n'en fut nullement formalisé.

Alors il raconta son enfance, sa jeunesse, la situation de ses parents, et ce qu'il avait été, et ce qu'il était.

Il ne voulait point dire grand'chose de ce qu'il faisait pour son père et sa mère, car il sentait bien que l'on

---

ses amis qu'on part pour la campagne ou en voyage, comme pour annoncer son retour.

Les cartes de visite sont expédiées par la poste, *sous enveloppe ouverte*, pour 5 centimes; mais alors il n'y faut rien écrire à la main. *Sous bande*, elles paient 1 centime. Il est plus poli de les envoyer sous enveloppe.

ne doit jamais raconter ce qui peut être pour soi-même une occasion de louange, mais malgré lui, de temps en temps, il fallut bien y faire quelque allusion au cours de son récit et M. Stephen comprit alors qu'il avait affaire à un cœur très noble et très généreux.

Cela le disposa admirablement en faveur du jeune homme et, quand celui-ci fut parti, M. Stephen, sans plus tarder, s'en alla au magasin, rue de la Paix.

Jeanne apprend les projets de M. Duménil. — Ce jour-là, Jeanne était très occupée. On venait de recevoir une commande importante : un trousseau à faire pour un mariage, six robes et autant de chapeaux.

Toute la matinée, il avait fallu choisir et combiner des étoffes, établir des **prix de revient**, faire couper et distribuer l'ouvrage.

Aussi, quand M. Stephen arriva, Jeanne était dans tout le feu de son travail et de ses préoccupations.

— Bravo ! mademoiselle Bernard, dit M. Stephen en entrant dans l'atelier (fig. 137) où elle se trouvait. Voilà comment j'aime à vous voir. En vérité, vous êtes chez vous, tout à fait chez vous et la maison vous appartiendrait que vous ne feriez pas mieux.

Jeanne rougit, mais de plaisir et aussi un peu de

LEÇON DE CHOSES : **Prix de revient.** — On appelle **prix de revient** d'une marchandise, le prix qu'on a payé pour cette marchandise en l'achetant, augmenté des *frais de transport, droits d'entrée, emballage*, etc., c'est-à-dire de tous les frais supplémentaires qu'elle a occasionnés.

La différence qu'il y a entre le *prix de revient* d'une marchandise et son *prix de vente* constitue le *bénéfice* du commerçant. Par exemple, une marchandise a été achetée 200 francs, voilà son *prix d'achat*. Pour la transporter à Paris, l'installer en magasin, etc., le commerçant a dépensé 37 francs. Le *prix de revient* est donc 237 francs. En la vendant 260 francs, le commerçant gagne 23 francs, voilà son *bénéfice*.

Un commerçant ne peut faire de bonnes affaires s'il ne se rend pas un compte exact du prix de revient de ses marchandises.

cette sorte d'embarras qu'éprouvent les bonnes natures quand elles s'aperçoivent que leurs qualités sont devinées, car la modestie est toujours l'apanage* des âmes vraiment élevées.

— Oh ! certes, monsieur, répondit-elle. Je vous assure qu'en effet, la maison fût-elle à moi, je ne ferais pas mieux.

— Oui, oui, j'en suis bien sûr, dit M. Stephen. Mais qu'y a-t-il donc aujourd'hui pour que vous soyez si occupée ? Je vous croyais en morte-saison*.

— En morte-saison ? dit Jeanne en souriant. Mais il n'y a point de morte-saison chez vous, monsieur Stephen, grâce à Dieu, et j'espère qu'il n'y en aura jamais. Nous avons, au con-

Fig. 137. — Bravo ! fit M. Stephen en entrant dans l'atelier.

traire, beaucoup de travail : un trousseau, six robes et six chapeaux à préparer dans le plus bref délai.

— Voilà qui est fort bien, dit M. Stephen. Mais ce n'est pas pour savoir comment vont les affaires que je suis venu. C'est pour vous parler de choses graves et qui vous intéressent particulièrement.

— Oh ! fit Jeanne, subitement troublée, vous avez de mauvaises nouvelles de chez moi, dites, monsieur Stephen ?

— Non, non, rassurez-vous, mademoiselle, c'est

plutôt une bonne nouvelle que j'ai à vous annoncer... Mais passons dans un salon, si vous le voulez bien, afin de causer plus tranquillement.

Ils allèrent dans une pièce écartée et là M. Stephen raconta à Jeanne la visite qu'il avait reçue et les projets de M. Duménil.

Jeanne fut très surprise (fig. 138) et un peu émue. La première émotion étant passée, elle dit à M. Stephen qu'elle le remerciait de sa communication, et qu'elle écrirait aussitôt à son père et à sa grand'mère pour les consulter. Car Jeanne était une fille très soumise et, bien qu'elle fût majeure, elle n'eût jamais osé prendre une décision aussi grave sans les avis et le consentement de ses parents.

Fig. 138. — Jeanne fut très surprise et un peu émue.

— Bon, fit M. Stephen, voilà qui est très bien. Et, dès que vous aurez la réponse et dès que vous-même vous aurez décidé quelque chose, vous viendrez m'en aviser n'est-ce pas ? Car, ajouta-t-il en souriant, M. Duménil doit être fort impatient de connaître votre décision et moi aussi... j'ai une idée, voyez-vous, mademoiselle Jeanne, mais je ne la dirai que lorsque je connaîtrai la suite de cette affaire... Mais, *motus !*... Voilà que je vais être bavard !...

Et il se retira.

Jeanne consulte sa famille. — Jeanne écrivit le soir même à Nanteuil. Elle parla de M. Duménil dans des termes si sympathiques et elle exposa à ses parents la situation avec tant de clarté, que ceux-ci virent tout de suite que Jeanne avait depuis longtemps deviné le secret du jeune homme et qu'elle serait heureuse de l'avoir pour protecteur, aide et soutien durant tout le reste de sa vie.

Bien que ces braves gens de campagne ne pussent s'imaginer au juste ce qu'était la situation d'un représentant de commerce, bien qu'ils ne pussent comprendre par eux-mêmes tous les avantages pratiques qu'il y avait dans une semblable union, ils sentaient instinctivement que c'était là une très jolie situation pour leur fille chérie. Puisque les intérêts matériels étaient assurés, puisque cette bonne Jeanne avait de l'amitié pour M. Duménil, puisque leurs positions allaient si bien ensemble, pourquoi ne pas consentir?

Ils consentirent donc et, huit jours après, Jeanne, ayant reçu leur réponse, allait la transmettre, avec sa décision, à M. Stephen.

Le travail et l'honnêteté récompensés. —On est au mois de juin.

Les jardins de Passy sont tout en fleurs. Sur les pelouses du Ranelagh *, les enfants jouent, surveillés par leurs mères. Dans les allées, passe la foule des cavaliers et des femmes élégantes dont les toilettes claires égayent encore ce coin ravissant de Paris.

Jeanne est au milieu de cette foule (fig. 139).

Elle s'en va, d'un pas leste et assuré, vers la demeure de M. Stephen-Maucourt. Jeanne est heureuse. Son cœur déborde de satisfaction. Et, tout en marchant, elle revoit en pensée son enfance dans l'humble petite maison de Nanteuil, puis son premier apprentissage chez la pauvre Rousselotte, son second apprentissage chez Mlle Chardon, à Périgueux, puis ses amies, Martine, Marie, Joséphine, Marthe; puis son arrivée à Paris, ses jours de grand découragement, la bonne Mme Réal

qu'elle aime encore et qu'elle aimera toujours et
Juliette Dupont, la repasseuse de la rue du Val-de-Grâce
à laquelle, — sans que nul ne s'en doute, — elle apporte
chaque mois quelque cadeau destiné à la petite Claire.
Elle revoit ensuite sa vie dans la maison de M. Stephen-
Maucourt, le travail assidu, les difficultés, les responsabilités si grandes, surtout depuis la mort de sa chère
patronne...

Tout cela a rempli sa vie depuis... depuis combien

Fig. 139. — Jeanne est au milieu de cette foule.

d'années? Douze ans bientôt. Oui, il y a douze ans que
Jeanne a fait son premier chef-d'œuvre, la robe de
Mme Rameau, la femme du maire, et ce sarrau * qui a
décidé de son avenir, puisque, en le voyant si bien fait,
si bien cousu, grand'mère Bernard et Jean Bernard ont
permis à Jeanne d'apprendre le métier.

A présent, Jeanne Bernard, la modeste petite ouvrière
de village, est connue de tout Paris. Et, en effet, toutes
les riches Parisiennes savent que chez M. Stephen-Maucourt, de la rue de la Paix, il y a une première demoi-

selle qui dirige la maison avec une habileté surprenante.

Dans son costume de laine noire, toujours simple, quoique elle gagne assez pour porter de belles robes, avec ses cheveux châtains qui font une auréole délicate à son front si pur et à ses yeux clairs comme ceux d'un enfant, Jeanne est charmante, charmante de grâce, de simplicité, d'honnêteté. En ce moment, le teint animé par la marche et peut-être aussi par quelque douce pensée intérieure, elle est plus agréable encore à regarder. Sans doute, en elle-même, il lui semble entendre une douce musique, quelque chose de très harmonieux qui chante la joie de la cons-cience satisfaite et du devoir toujours accom-pli. Jeanne entend cette voix et elle double le pas, plus heureuse et plus légère encore. Il lui semble qu'elle va à la conquête du bonheur.

Fig. 140. — Mlle Besson, Lucie et Georges.

Dès qu'elle approche de la maison, tout lui sourit, tout lui souhaite la bien-venue (fig. 140). Voici, dans le jardin, Lucie, déjà grande fillette, raisonnable et gaie tout à la fois. Elle court à sa chère amie, Mlle Bernard, elle l'embrasse et passe affectueusement son bras sous le sien.

Puis c'est le petit Georges qui laisse les pâtés de sable qu'il était occupé à disposer symétriquement au coin d'une allée et qui accourt à Jeanne avec des cris de joie.

Enfin, c'est Mlle Besson, un peu plus ridée, les che-veux tout à fait blancs, toujours un peu grave, mais laissant sa physionomie s'éclairer d'un sourire quand elle reconnaît le doux visage et le bon regard de Jeanne Bernard.

— M. Stephen? demande enfin Jeanne lorsque les bonjours et les accolades * ont pris fin.

— Dans le petit salon, à gauche... Et tenez, il vous a aperçue, mademoiselle, dit Lucie, et il vous fait signe de vous hâter.

Jeanne se presse d'arriver (fig. 141), et, dès son entrée dans le salon, M. Stephen va à elle les mains tendues :

— Je lis dans vos yeux que la nouvelle est bonne, n'est-ce pas? dit-il.

— Oui, dit Jeanne, mes parents ont consenti. Et moi... moi je ne demande pas mieux.

Fig. 141. — Jeanne se presse d'arriver.

— Bravo! s'écrie chaleureusement M. Stephen; moi aussi j'ai fait des démarches! moi aussi, j'ai pris des renseignements sur le jeune homme! Tout est bon, tout est excellent. Mademoiselle Jeanne, vous serez heureuse, j'en réponds. Mais ce n'est pas tout, ajoute-t-il, ce mariage aura encore un grand résultat que vous ne soupçonnez pas. Le voici : Mademoiselle Bernard, qui serez bientôt madame Duménil, je vous cède la maison Stephen-Maucourt... Oh! ne pâlissez pas, ne vous récriez pas!... C'est cher, je le sais, mais vous aurez devant vous des années et des années pour vous acquitter. Et puis, qui donc, mieux que vous, pourrait la diriger? A qui revient-elle naturellement ? Aidée de M. Duménil, elle prospérera entre vos mains. Vous aurez, vous, ce que n'a pas eu assez tôt, hélas ! ma pauvre femme, ce second soi-même si nécessaire dans les grosses entreprises de la vie. Ayant mis entre vos mains la meilleure partie de ma fortune et de mes intérêts, je serai tranquille, car je sais ce que vous valez, vous, votre cœur, votre honnêteté, votre intelligence, votre travail.

« Et maintenant, mademoiselle Bernard, souhaitons ensemble longue vie et prospérité à la maison Bernard-Duménil.

Il y a des moments où tout semble s'accorder pour faire la vie belle et souriante, où les moindres circonstances viennent encore s'ajouter les unes aux autres pour lui donner plus d'éclat. Comme M. Stephen achevait ces paroles, M. Duménil entra. Dans son impatience, il venait chercher la réponse que M. Stephen avait promis de lui apporter.

Cette réponse, il la lut dans les yeux de Jeanne qui lui tendit la main en le regardant affectueusement.

ÉPILOGUE

Qui donc, enfants, a dit que le devoir était chose cruelle et pénible à remplir? Qui donc a dit que dans une grande ville il était impossible d'être une ouvrière sage et tranquille et de se faire, dans une humble carrière, une position paisible et assurée?

Ceux qui ont ainsi parlé, enfants, ce sont ceux qui mettent l'agrément au-dessus de tout, qui ne voient dans la vie qu'un mot : *s'amuser;* qui n'ont qu'un rêve : *s'amuser;* qui cherchent le bonheur dans le plaisir et non dans le devoir.

Jeunes filles, lorsque vous entendrez dire ces choses, songez à Jeanne Bernard, l'héroïne de ce livre, que vous avez peut-être aimée un peu et que, à coup sûr, vous estimez beaucoup.

Son histoire, — qui est une histoire vraie, — est aussi celle de beaucoup d'ouvrières que vous ne connaissez pas. Dans les petites et dans les grandes villes, on ne voit pas toutes les jeunes filles qui sont honnêtes et vertueuses, bien attachées à leur devoir et le remplissant avec zèle jusqu'au bout. Car celles-ci ne font pas de bruit, ne se montrent guère. On ne les rencontre pas dans les rues, en robes de couleur voyante, parlant haut et

Fig. 142. — M. et Mme Duménil et leurs deux enfants.

riant fort pour attirer l'attention. Nul ne les remarque, et elles passent inconnues de la foule, mais aimées, estimées, honorées du petit groupe qui les entoure.

Ainsi a fait notre chère petite Jeanne.

Nous l'avons vue grandir dans différents milieux, faire le bien partout où elle passait et laisser à tous un bon souvenir de son passage. Maintenant qu'elle est à la tête d'une importante industrie, maintenant qu'elle acquiert chaque jour un peu plus de fortune, elle songe à l'avenir qui se montre à elle sous l'aspect de ses deux petits garçons, Pierre et Jean, deux jumeaux que Dieu lui a envoyés l'année dernière (fig. 142). Elle songe aussi au passé, c'est-à-dire à ses chers parents qui habitent toujours Nanteuil et auxquels elle rend l'existence aussi douce que possible. La vieille maison a été embellie (fig. 143), le jardin bien entretenu, le clos et le champ se sont agrandis, grâce aux achats qui ont été faits à des voisins.

Pierre et Martine ont eu une belle petite fille, une

Fig. 143. — La vieille maison des Bernard a été embellie.

seconde Jeanne, que grand'mère Bernard embrasse tout le jour et à laquelle elle se promet d'apprendre à coudre de beaux tabliers... si Dieu lui prête vie.

Jeanne n'a pas oublié non plus Mme Réal et elle la voit souvent. Elle s'est chargée de Claire, la fille de Juliette Dupont; la fillette viendra auprès d'elle apprendre le métier de modiste, pour lequel elle semble avoir beaucoup de goût.

Et, là-bas, sur la grande route blanche qui relie

14.

Nanteuil à Périgueux, on voit chaque dimanche le père David, le vieux facteur, toujours plus courbé, plus cassé, s'avancer de son pas traînant vers la demeure des Bernard et y déposer une grosse enveloppe blanche. La lettre vient de Paris et de cette chère et courageuse femme, Jeanne Bernard-Duménil. Elle envoie à ceux qu'elle aime, ses mille tendresses et une part du bonheur qu'elle possède après l'avoir vaillamment acheté.

Il ne faudrait pas croire cependant, après avoir lu cette histoire, qu'il suffit à une jeune fille de travailler beaucoup et d'être vertueuse pour arriver nécessairement à une situation telle que celle de Jeanne.

Certes il y a eu dans sa vie un concours de circonstances qui ne se rencontrent pas fréquemment, et beaucoup d'ouvrières aussi intelligentes, aussi travailleuses, aussi honnêtes qu'elle, n'atteignent pas un but semblable. Elles demeurent toute leur vie dans une position inférieure et cela ne les empêche pas d'être heureuses.

— Quoi! direz-vous, elle peuvent être aussi heureuses que Jeanne?

— Assurément, car le bonheur ne se mesure ni à la hauteur de la situation ni à la fortune de chacun. Plus les positions imposent de charges, plus difficilement elles donnent le bonheur. Jeanne, ayant à surveiller et à diriger un nombreux personnel, ayant à faire honneur à des affaires compliquées, ayant à remplir de lourds engagements envers son ancien patron, est plus d'une fois préoccupée, songeuse, anxieuse de l'avenir. Il lui arrive parfois de perdre de grosses sommes d'argent soit par la faute d'une ouvrière ou d'une employée, soit parce qu'elle s'est elle-même trompée dans ses achats ou ses ventes. Or, dans ces grandes maisons, les pertes ne se compensent pas du jour au lendemain, et il faut beaucoup de courage et de persévérance pour réparer les erreurs commises ou les coups du sort.

Voilà des ennuis que ne connurent point la pauvre Rousselotte ni même Mlle Chardon, qui vivaient simplement, ayant tout juste leur vie assurée et n'ayant point ou bien peu à commander.

Oui, on peut être heureuse sans autant d'apparat. Voyez Martine : Elle vit à Nanteuil, paisible et ignorée, entre deux vieillards qui l'estiment et qui l'aiment. Ne pourrait-elle se plaindre et trouver que Jeanne a été plus favorisée qu'elle? Non, elle ne se plaint pas, car, elle aussi, elle est heureuse de sa vie modeste, heureuse du bonheur qu'elle donne à son mari, à son enfant et à ces bons vieux auxquels elle rend à présent par ses soins, ce qu'ils ont fait jadis pour elle.

C'est que notre bonheur est en nous; c'est nous qui le faisons avec notre cœur, notre raison, notre sagesse. Jeanne — que l'on vous donne ici pour modèle — n'en chercha pas les éléments ailleurs que dans le travail, les affections de famille et la paix de la conscience.

FIN

LEXIQUE

[Ce lexique contient tous les mots marqués d'un astérique (*) dans le corps de l'ouvrage ; il ne donne que l'acception dans laquelle les mots sont employés.]

Acquiescement. Action d'acquiescer. *Acquiescer*, se conformer à, consentir à.

Accessoire. Ce qui est joint à la chose principale.

Accolade. Sorte d'embrassade.

Adulte. Qui est parvenu à l'adolescence (de 14 à 22 ans pour l'homme, de 11 à 19 ans pour la femme.)

Aïeule. Grand'mère.

Alençon. Chef-lieu du département de l'Orne, sur la Sarthe, 17 600 hab., dentelles dites *point d'Alençon*.

Alerte. Agile et vigilant.

Alger. Capitale de l'Algérie, port important sur la Méditerranée, à 165 lieues des côtes de France, 74.793 hab. Prise par les Français en 1830.

Algue. Famille de plantes qui croissent dans l'eau, surtout dans l'eau salée.

Allemagne. Vaste empire de l'Europe centrale, créé en 1871, 45 000 millions d'hab., cap. *Berlin*.

Ameublement. Le mobilier d'un appartement, d'une pièce

Anne d'Autriche. Femme de Louis XIII et mère de Louis XIV, 1602-1666.

Apanage. *Au figuré* : Ce qui est propre à quelqu'un.

Appointements. Salaire annuel attaché à un emploi.

Aptitude. Disposition naturelle.

Artillerie. Matériel de guerre comprenant les bouches à feu (canons, obusiers, etc.), avec leurs projectiles et tous leurs accessoires. Troupes attachées à ce service.

Artisan. Celui qui exerce un métier.

Aubes. Palettes des roues d'un bateau à vapeur.

Aune. Ancienne mesure de longueur qui variait d'une province à l'autre.

Autoritaire. Partisan d'une autorité excessive.

Bandoulière. Bande de cuir qui servait anciennement à soutenir une arme. Large baudrier de cuir.

Barbares. Peuplades non civilisées qui envahirent l'empire romain au vᵉ siècle.

Béarn. Ancienne province de France, aujourd'hui département des Basses-Pyrénées, cap. Pau.

Berlin. Capitale du royaume de Prusse et de l'empire d'Allemagne, sur la Sprée, 1 100 000 hab.

Bernard (Claude). Savant physiologiste français.

Blasphémer. Proférer des paroles impies.

Bordeaux. Chef-lieu du département de la Gironde, sur la Garonne, 240 600 hab. Vins estimés.

Boulogne-sur-Mer. Chef-lieu d'arrondissement du Pas-de-Calais. Port sur la Manche, 46 100 hab.

Bourgogne. Ancienne province de France (a formé les départements de l'Ain, de la Côte-d'Or, de Saône-et-Loire, de l'Yonne), cap. Dijon.

Brevet d'invention. Titre délivré par le gouvernement aux inventeurs qui le demandent pour leur assurer la propriété de leur invention et le droit exclusif de l'exploiter.

Bruges. Ville de Belgique (Flandre occidentale).

Brume. Brouillard léger.

Buffon. Illustre naturaliste et écrivain français, né à Montbard (Côte-d'Or), 1707-1789.

Burin. Instrument d'acier servant à graver sur les métaux.

Cachemire. Ville de l'Hindoustan (Asie), qui a donné son nom à un tissu fabriqué avec le poil des chèvres ou des moutons du pays.

Cambrai. Chef-lieu d'arrondissement (Nord), 23 900 hab. Toiles, dentelles, etc.

Cautère. Se dit d'une plaie qu'on produit à la surface de la peau à l'aide de médicaments caustiques (qui brûlent).

Cep. Pied de vigne.

Chaîne. Les fils longitudinaux entre lesquels passe la *trame* d'une étoffe.

Châtain. Qui a la couleur brune des châtaignes mûres. Se dit de la barbe et des cheveux.

Chine. Immense empire d'Asie appelé aussi *Céleste Empire* ou *Empire du Milieu* (370 millions d'hab.). cap. Pékin.

Choléra. Maladie épidémie caractérisée surtout par des vomissements, des frissons, des crampes, la couleur livide de la peau et des déjections dans lesquelles nagent des grumeaux blanchâtres.

Chômage. Temps que l'on passe sans travailler.

Clientèle. L'ensemble des personnes qui ont recours habituellement à une autre, qui se fournissent habituellement chez quelqu'un.

Colbert (Jean-Baptiste). Ministre de Louis XIV, l'un des plus grands hommes d'État français (1619-1683).

Colonie. Établissement fondé par une nation dans un pays étranger, surtout dans une autre partie du monde.

Comestible. Qui se mange. Ce qui sert à la nourriture de l'homme.

Concurrence. Rivalité qui s'établit entre marchands et fabricants relativement à la qualité ou au prix de leurs marchandises.

Confident. Celui, celle à qui l'on communique un secret.

Congestion. Accumulation du sang ou des humeurs dans un organe.

Constitution. Forme de gouvernement.

Contagieux. Se dit, au propre, d'une maladie qui se communique par contact, par contagion.

Contrôle. Vérification.

Convoitise. Désir immodéré. Cupidité.

Corridor. Galerie étroite qui fait communiquer les parties d'un appartement.

Coucou. Sorte d'horloge rustique ainsi nommée parce que le son des heures imite le cri de l'oiseau de ce nom.

Cuvage. Action de cuver le vin.

Déférence. Condescendance respectueuse.

Dénouement. Incident qui termine : il peut être *heureux* ou *malheureux*.

Destinataire. Celui, celle à qui un objet est adressé.

Désillusion. Perte de l'illusion.
— *Illusion*, apparence trompeuse; pensée chimérique.

Diète. Abstinence d'aliments en cas de maladie.

Divan. Canapé sans bras et sans dossier.

Dordogne. Département formé en grande partie du Périgord, chef-lieu *Périgueux*.

Droguet. Étoffe de laine et de fil.

Eau-forte. Nom donné à l'acide azotique.

Endémique (maladie). Maladie qui sévit habituellement dans un pays et qui est due à une cause locale.

Enthousiasme. Exaltation de l'âme qui la porte aux actions extraordinaires.

Exotique. Qui vient des pays étrangers.

Fébrile. Qui a rapport à la fièvre, qui annonce la fièvre.

Foulage. Action de fouler.

Fouler. Presser fortement, écraser. *Le foulage du raisin*.

Fulton (Robert). Mécanicien américain, inventeur des bateaux à vapeur.

Futaine. Étoffe de laine et de coton.

Gay-Lussac. Physicien et chimiste français (1778-1850) inventeur du baromètre à siphon, etc.

Giberne. Boîte de cuir ou de bois recouvert de cuir dans laquelle les soldats mettent leurs cartouches.

Gluten. Substance azotée contenue dans les graines des céréales et qui donne à la farine la propriété de former avec l'eau une pâte liante.

Goémon. Varech, herbe marine.

Havre (Le). Chef-lieu d'arrondissement de la Seine-Inférieure à l'embouchure de la Seine, 112100 hab. Grand port de commerce.

Hélice. Appareil placé à l'arrière d'un bateau à vapeur pour le faire marcher.

Hérétique. Qui appartient à l'hérésie. *Hérésie* : doctrine opposée à l'Église catholique.

Herschell. Astronome allemand, découvrit la planète Uranus et construisit le premier un grand télescope.

Huche. Grand coffre de bois pour pétrir et serrer le pain.

Incurable. Qui ne peut être guéri.

Indélébile. Qu'on ne peut pas détruire, qu'on ne peut pas effacer.

Index. Le doigt de la main qui est le premier après le pouce.

Initier. Mettre au courant, instruire.

Inopiné. Que l'on n'attendait pas.

Intermédiaire. Personne qui s'entremet.

Intermittente (Fièvre). Qui cesse pour reprendre et pour cesser encore.

Jumeaux. Se dit de deux ou plusieurs enfants nés ensemble d'une même mère.

Jungle. Plaine marécageuse de l'Inde couverte de roseaux et de broussailles.

Lainage. Étoffe de laine.

Léthargie. État maladif dans

lequel une personne paraît profondément endormie ou même semble morte.

Libérale (Fonction). Qui a rapport à l'intelligence. *La musique est un art libéral.*

Liberté du travail. Un des principes de 1789 qui donne à chaque citoyen le droit d'avoir tel métier que bon lui semble et de travailler librement.

Limoges. Chef-lieu du département de la Haute-Vienne, 68 500 hab. Fabriques de porcelaine et de faïence.

Liquider. Se dit d'un commerçant qui cesse le commerce et qui cherche à vendre tout ce qu'il a en magasin sans racheter d'autres marchandises.

Lisière. Bord d'une pièce d'étoffe (dans le sens de la longueur).

Lyon. Chef-lieu du département du Rhône, au confluent de la Saône et du Rhône, 402 000 hab. Filatures de soie d'une grande importance.

Madeleine (La). Une des principales églises de Paris; remarquable par son caractère grec.

Malines. Ville de Belgique, 45 000 hab. Étoffes et dentelles.

Manchester. Ville d'Angleterre, 520 000 hab. Centre manufacturier important surtout pour l'industrie du coton.

Mannequin. Construction en osier ou en carton imitant les formes humaines et servant aux couturières pour l'essayage de leurs costumes.

Massage. Action de masser, de faire des frictions.

Maures. Conquérants de l'Espagne au moyen âge.

Méticuleux. Qui a des craintes, des scrupules exagérés.

Michelet. Historien et philosophe français (1798-1874).

Mineur. Qui n'a pas atteint l'âge de 21 ans accomplis.

Minutie. Chose de peu d'importance.

Monotonie. Caractère de ce qui est monotone, trop uniforme.

Morte-saison. Temps où, dans certaines professions, on a moins de travail, moins de débit qu'à l'ordinaire.

Nacre. Substance dure et brillante qui se trouve dans l'intérieur de certaines coquilles et dont on fait des boutons, des manches de couteaux, des éventails, etc.

Nausée. Envie de vomir.

Nomade. Qui n'a pas d'habitation fixe.

Nuque. Partie postérieure du cou.

Paralysie. Privation ou diminution du sentiment ou du mouvement.

Passy. Ancienne commune de la banlieue parisienne, aujourd'hui formant une partie du XVIᵉ arrondissement.

Pécule. Ce qu'on amasse à force de travail et d'économie.

Pécuniaire. Qui a rapport à l'argent. *Désastre pécuniaire* : perte d'argent. *Situation pécuniaire* : l'argent que l'on possède.

Périgord. Ancien pays de France (départements de la Dordogne et du Lot-et-Garonne).

Picardie. Ancienne province de France, cap. Amiens, a formé le département de la Somme et une partie des départements du Pas-de-Calais, de l'Aisne et de l'Oise.

Pirate. Brigand de mer. Corsaire barbaresque.

Placier. Celui qui s'occupe de faire vendre des objets de commerce.

Portière. Rideau que l'on place devant une porte.

Postiche. Substitué artificiellement à une chose naturelle : *cheveux postiches.*

Précaire. Qui dépend de la volonté d'autrui; qui n'a pas de consistance, de durée certaine.

Précepteur. Maître chargé d'une éducation particulière.

Précurseur. Celui qui vient avant un autre et qui annonce sa venue. Ce qui annonce.

Privilège. Droit ou avantage particulier accordé à une personne.

Puy (Le). Chef-lieu du département de la Haute-Loire, près de la Loire, 19 100 habitants, dentelles.

Quinine. Substance alcaline et amère qu'on extrait du quinquina.

Rambouillet. Chef-lieu d'arrondissement de Seine-et-Oise, 5 700 habitants.

Ranelagh. Magnifique promenade située près du bois de Boulogne, à Paris.

Réaction. Action en sens contraire.

Résilier. Annuler, casser un acte, un contrat.

Résine. Matière inflammable qui découle de certains arbres tels que le pin, le sapin, etc.

Restaurant. Établissement où l'on peut manger à toute heure pour son argent.

Révolution française. Changement complet dans les institutions de la France survenu en 1789.

Rez-de-chaussée. Partie d'une maison qui se trouve au niveau du sol.

Roussillon. Ancienne province de France, a formé le département des Pyrénées-Orientales.

Routine. Imitation servile des procédés en usage depuis longtemps.

Sarrau. Sorte de blouse.

Saxe (Royaume de). Un des États de l'empire d'Allemagne, cap. *Dresde*. Pop. 3 millions d'habitants.

Scrupule. Inquiétude de la conscience qui fait regarder comme une faute ce qui n'en est pas une ou comme une faute grave ce qui n'est qu'une faute légère.

Sécateur. Sorte de ciseaux pour couper les branches des arbres fruitiers.

Silésie. Province d'Allemagne, 3 850 000 hab. Cap. *Breslau*.

Similaire. Qui est de même nature.

Silhouette. Dessin qui représente un profil tracé d'après l'ombre d'une figure.

Simuler. Faire paraître comme réel ce qui ne l'est pas.

Sonde (Îles de la). Groupe d'îles de l'Océanie comprenant les grandes îles de Sumatra, Java et Timor.

Sorcier, sorcière. Celui, celle que la crédulité publique croyait en relations avec le diable, dont il tenait le pouvoir de jeter des sorts.

Spontanéité. Caractère de ce qui est *spontané*, de ce qui a lieu sans cause extérieure apparente.

Suif. Graisse de certains animaux, particulièrement du mouton.

Superstition. Vain présage qu'une personne superstitieuse tire d'un événement fortuit, comme de commencer un travail le vendredi.

Tact. Jugement sûr et délicat.

Thibet. Vaste région de l'Asie centrale soumise à l'empire chinois. 7 000 000 d'hab.

Trame. Fil transversal que l'on conduit avec la navette entre les fils de la *chaîne* d'une étoffe.

Truffe. Sorte de champignon comestible sans tige ni racine, qu'on trouve sous terre.

Tuileries (Les). Palais construit sous Catherine de Médicis, par Philibert Delorme. Le palais des Tuileries a été la résidence des rois et des empereurs. La Convention y a tenu ses séances. Il a été incendié par les insurgés en 1871.

Utrecht. Ville de Hollande, sur le Vieux Rhin, 76 000 hab.

Vaccine. Maladie particulière à la vache; elle est contagieuse et on la donne aux hommes pour les préserver de la petite vérole.

Valenciennes. Chef-lieu d'arrondissement (Nord), sur l'Escaut, 27 000 hab.

Verrue. Petite excroissance de chair.

Vertige. État maladif durant lequel tout semble tourner autour de nous.

Vexation. Action de vexer. *Vexer*, causer de l'ennui par manque de politesse, d'égards, de convenance.

Vincennes. Chef-lieu de canton (Seine), arrondissement de Sceaux, 22 000 hab. Château fort.

Volubilité. Prononciation très rapide.

TABLE DES MATIÈRES

TABLE ALPHABÉTIQUE

DES NOTIONS D'ÉCONOMIE DOMESTIQUE, DE TRAVAIL
A L'AIGUILLE, DES LEÇONS DE CHOSES, ETC.

Sceaux. — Imp. Charaire et Cie.

ALFRED RAMBAUD

Petite Histoire de la Civilisation française, depuis les origines jusqu'à nos jours — complément de tous les Cours d'Histoire, — par M. ALFRED RAMBAUD, professeur à la Faculté des lettres de Paris. 1 vol. in-12, illustré de 420 gravures, cart.   1 75

Ouvrage honoré d'une souscription du Ministère de l'Instruction publique et adopté pour les lycées et collèges de garçons et de filles (Bibliothèque des quartiers).

Dans la leçon d'ouverture de son cours d'Histoire du Moyen Age à la Faculté des lettres de Paris, M. Ernest Lavisse exposait ainsi ce que doit être l'enseignement élémentaire de l'histoire : « Il ne s'agit pas d'initier des enfants à l'érudition, ni de leur prêcher une philosophie de l'histoire en substituant aux faits des sentences qui seraient à peine intelligibles à des hommes instruits. Il s'agit de choisir les faits, de laisser tomber les menus et les inutiles, de jeter toute la lumière sur ceux dont la connaissance importe et de dérouler la série de façon que l'écolier sache comment a vécu la France. On dit que l'histoire des mœurs et des institutions ne peut être enseignée par termes abstraits, par des phrases et des théories, mais à tous les moments de la vie française se trouvent des faits, même des anecdotes qui expliquent les choses. »

C'est pour répondre à ce *desideratum* que nous publions une histoire de la Civilisation, écrite spécialement pour les écoles.

Cette histoire présente un exposé très net du développement de la civilisation française ; écrite très simplement, elle procède par grandes lignes et n'entre pas dans les détails ; mais l'auteur, M. Alfred Rambaud, fait saisir, en des tableaux pleins de vérité, la vie nationale de la France aux différentes époques. Il retrace les mœurs, les coutumes, les institutions des générations qui nous ont précédés et les progrès incessants de l'agriculture, de l'industrie, du commerce, des arts, des lettres et des sciences.

Histoire de la Civilisation française, depuis les origines jusqu'à nos jours, par M. ALFRED RAMBAUD. 2 vol. in-18 jésus, brochés.   8 »

Histoire de la Civilisation contemporaine en France, par M. ALFRED RAMBAUD, professeur à la Faculté des lettres de Paris. 1 vol. in-18 jésus, broché.   5 »

COURS MARMONTEL

La Première année de Musique (*Solfège et chants*), par M. A. MARMONTEL, ancien professeur au Conservatoire national de musique. 1 vol. in-8° de 144 pages, cartonné.

1 25

Leçons. — Résumés. — 154 exercices. — 55 chœurs à l'unisson ou à deux parties. — 50 devoirs. — Questionnaires et Lexique.

« Crier n'est pas chanter. »

En publiant le cours de solfège de M. Marmontel, nous avons voulu non seulement doter l'enseignement élémentaire d'une méthode rationnelle et bien graduée, mais aussi faire pénétrer dans l'enseignement élémentaire les plus beaux *joyaux de la musique moderne*.

La méthode adoptée par l'auteur est simple. Elle consiste surtout à n'aborder les difficultés que graduellement ; à ne jamais en accumuler deux dans le même exercice ; à faire suivre chaque leçon, chaque définition, de devoirs, d'exercices pratiques qui servent d'application immédiate.

L'auteur a appliqué à son cours de musique les dispositions matérielles qui contribuent si puissamment à la valeur pédagogique de toutes nos publications classiques : les leçons et les exercices sont accompagnés, en outre, de devoirs, de résumés et de questionnaires, et l'ouvrage est terminé par un lexique des expressions musicales

Ces exercices consistent en compositions originales de M. Marmontel, et en airs et chœurs extraits des plus grands maîtres. Les morceaux, choisis avec un soin scrupuleux quant à l'application de la théorie, à la *convenance des paroles*, à leur prosodie irréprochable, présentent aux élèves un aperçu de l'histoire de l'art musical et les initient au sentiment du beau.

La Première année de Musique *a eu la bonne fortune d'être patronnée dès son apparition par les Maîtres de l'art musical français et notamment par MM.* AMBROISE THOMAS, *directeur du Conservatoire national de musique de Paris,* CH. GOUNOD, E. REYER, C. SAINT-SAENS, J. MASSENET, L. DELIBES, *membres de l'Institut.*

Diapason-gamme Jaulin donnant les notes de la gamme de *do* majeur. Instrument à anches, à l'usage des écoles. **5 »**

ARMAND COLIN et Cie, éditeurs, 5, rue de Mézières, Paris.

COURS CHALAMET

La Première année d'Économie domestique et notions d'Instruction civique et de Droit usuel, ouvrage contenant des préceptes, des récits, des résumés, des gravures, des devoirs de rédaction à l'usage des écoles de filles, par R.-EL. CHALAMET. 1 vol. in-12 cartonné, avec vignettes. **1 50**

LA MÊME, *Livre du Maître*, contenant, à gauche, le texte de l'élève, à droite, des questionnaires, des lectures variées, les développements des devoirs de rédaction. 1 vol. in-12, cartonné, avec de nouvelles gravures. **2 10**

Dans cet ouvrage, on s'est proposé de passer en revue les devoirs et les occupations des femmes et de faire une place dans les études scolaires des jeunes filles, à des travaux qui remplissent la plus grande partie de leur existence. Le plan de l'ouvrage rappelle sensiblement celui de la *Première année d'Instruction morale et civique*. Ce que le livre de PIERRE LALOI est pour les garçons, on voudrait que la *Première année d'Économie domestique* le fût pour leurs sœurs.

Ainsi conçu, le livre répond à la fois à trois parties du programme des écoles primaires : 1º Morale ; 2º Travaux manuels, Couture, Économie domestique proprement dites ; 3º Instruction civique et Droit usuel. En parcourant les divers chapitres, il sera aisé de s'assurer que le programme a été suivi scrupuleusement. On s'est en outre efforcé de faire de la *Première année d'Économie domestique* un véritable manuel de travail pour les écoles de filles.

Ce que le précepte formule d'une façon nécessairement un peu sèche à cause de sa concision, le récit le fait pénétrer plus avant dans l'esprit et dans le cœur de l'élève par l'intérêt qu'il excite, par l'appel qu'il fait à l'imagination et au sentiment : on ne s'est point privé, dans la *Première année d'Économie domestique*, de cette ressource précieuse.

Comme il faut aussi parler aux yeux quand on s'adresse à des enfants, de nombreuses gravures ont été intercalées dans le texte ; elles sont destinées à présenter sous une forme de plus et à graver dans la mémoire de l'élève les enseignements donnés par la maîtresse et puisés dans le livre.

MARIE DELORME

Les petits Cahiers de madame Brunet.

Gouvernement de la Famille. — Hygiène et médecine usuelles. — Recettes de ménage. — Économie domestique. — Calendrier de la bonne ménagère. — Dialogues, par Mme MARIE DELORME. Ouvrage destiné aux jeunes filles et illustré de 22 vignettes. 1 vol. in-12, broché, **1 50**; cartonné. **1 60**

Ouvrage couronné au concours établi par la ville de Reims (Prix Doyen-Doublié) et par la Société d'encouragement au bien (Médaille d'honneur); admis par la Commission ministérielle des bibliothèques populaires et pédagogiques, et honoré d'une souscription du Ministère de l'Instruction publique.

Ce petit manuel a été composé avec grand soin et avec le souci constant de n'offrir aux mères de famille que des enseignements faciles à comprendre et à pratiquer. Les conseils et recettes qu'on y trouve sont le fruit de longues années d'expérience et non le résultat d'une banale compilation. Les préceptes d'hygiène peuvent être appliqués dans tous les intérieurs; les recettes de cuisine sont choisies et énoncées de façon à pouvoir être mises en œuvre dans les ménages les plus simples. Elles ne contiennent aucun terme spécial qui ne soit expliqué dans un chapitre particulier. En ce qui concerne la médecine, on a évité soigneusement d'indiquer aucun médicament en dehors de ceux qu'une personne peu instruite peut employer sans danger.

Le livre est divisé en plusieurs parties très distinctes. Ce mode de classement, imposé par la variété des sujets qu'il traite, le rendra plus commode à lire et plus aisé à consulter.

Après un court prologue, sont présentés, sous forme de lettres, des conseils de toute nature, depuis ce qui concerne l'éducation, la morale, les bonnes manières, l'ordre et l'économie, jusqu'aux plus humbles indications pour le bien-être intérieur. L'hygiène, la médecine usuelle, les cas d'accident, d'empoisonnement, etc.; les soins à donner aux malades font l'objet de la seconde partie du livre. La troisième est consacrée à la cuisine, à l'économie domestique, aux conserves de ménage, etc. La quatrième, intitulée *Calendrier de la bonne Ménagère*, indique, pour chaque mois, chaque saison, les soins, les travaux, les plaisirs qui lui sont propres.

Enfin, dans des dialogues d'un tour familier et naturel, sont traitées quelques questions d'un intérêt sérieux pour les familles.

La Première Année de Récitation,

résumés, morale, maximes, notes, 308 grav., par M. L. MOY, doyen de la Faculté des lettres de Lille. 1 v. in-12, cart. » **75**

La Première Année de Grammaire,

350 exercices, lexique par MM. LARIVE et FLEURY. 1 volume in-12, cartonné. » **75**

La Première année d'Histoire

de France : Leçons, récits, réflexions, 95 grav., 14 cartes, par M. ERNEST LAVISSE, agrégé d'histoire, docteur ès lettres, professeur à la Faculté des lettres de Paris. 1 v. in-12, cart. **1 10**

Histoire générale,

notions sommaires d'histoire ancienne, du moyen âge et des temps modernes : leçons, résumés, réflexions, 13 cartes, 10 gravures, questionnaires, devoirs de rédaction, lexique, par M. ERNEST LAVISSE. 1 volume in-12, cartonné. **1** »

L'Année préparatoire de Géographie

(la France, les cinq parties du monde) : 57 figures, 10 cartes coloriées placées en regard des leçons, devoirs faciles, par M. P. FONCIN, agrégé d'histoire, docteur ès lettres, inspecteur général de l'Enseignement secondaire. Oblong, cartonné. » **75**

La Première année d'Arithmétique :

calcul écrit, calcul oral, exercices, problèmes. lexique, par M. P. LEYSSENNE, inspecteur général de l'Enseignement primaire. 1 volume in-12, cartonné. » **80**

Nouveau Dictionnaire classique

illustré : Vocabulaire français, agriculture, sciences, histoire, géographie, hygiène, industrie, législation, vie pratique, par M. A. GAZIER, docteur ès lettres, maître de conférences à la Faculté des lettres de Paris. 1 volume in-12, de 800 pages, 19 cartes, 700 gravures, dont 70 figures d'ensemble, 1000 articles encyclopédiques, cart., 2 60 ; relié toile, tranches rouges. **3 30**

Paris. — Imp. E. CAPIOMONT et Cⁱᵉ, rue des Poitevins, 6.

9 782019 980160